時兆文化 《善惡的對決》42章精選集

是一本滿⋯⋯
從過去已實現以及即將實現的事情，
向當今的世人顯明。

善惡的對決

懷愛倫 著

THE GREAT
CONTROVERSY

楔子

致各位讀者：

本書出版的目的並不是再次告之世上有多少罪惡、悲哀、和苦惱。這些事我們已有深刻體會。本書也不是為了告訴我們罪惡與公義、錯與對、和死亡與生命之間矛盾的鬥爭。我們心中知道我們乃此鬥爭的參與者和抉擇者。

但對每一位渴求認識這大鬥爭的，這鬥爭是如何開始？或它是否一直存在？有何元素能影響其複雜而可怕的狀況？它與我有甚麼關係？我對它有何責任？我是否在這世界中不由自主？而對我來說，是善或是惡？

究竟有甚麼相關的大原則？這大鬥爭會持續多久？這地球會否（像一些科學家所言）沉淪、日月無光、凍結、並進入永恆的黑夜？或有更美滿的將來正在等待我們？

有一個更切身的問題：我們心中的善與惡、無私的愛與自私鬥爭之結果，如何能得到永遠而且正義的勝利？聖經有否提及此鬥爭？上帝又是怎樣教導我們面對這永恆而重要的疑問？

本書之目的是要幫助那些正在困惑中的生靈，在這些問題中尋找到正確的解答。作者曾親嘗並證實上帝的美好。藉著與上帝的懇談並研讀上帝的話語，作者也已認識到上帝奧祕的大能和祂的約定，因而敬畏上帝。

如此，我們就更能明白這與全宇宙所有生命都有關係之鬥爭的一切原則。作者在此向我們列出人類過去這二十世紀

以來一些偉大和堅定的實例，好使我們學習。

本書由耶路撒冷悲哀的結局開始。耶路撒冷城是上帝的選民之城市，它拒絕了那位在加略山要拯救世人的人子；從第一世紀起各大國如何迫害上帝的子民；教會中的背道；喚醒世界的改革（一些大鬥爭的原則也清楚地表明了）；法國拒絕真理原則之慘痛後果；復興和高舉上帝的聖言和它所帶來，拯救生命的好處；末世的宗教甦醒；如活水泉源湧流，上帝之聖言的解封，並其消滅一切邪惡和黑暗，帶來真光和知識的啟示。

在鬥爭日漸迫近的情況下，再沒有人能保持中立。一些生死攸關的原則將會簡單、清楚、強而有力地被敘述出來。

最後，我們將曉得那永恆、榮耀的勝利，就是善戰勝惡、對戰勝錯、真光勝過黑暗、喜樂超過悲傷。那永久長存的愛將勝過那報復性的憎恨。

從初版（1888年）和修訂版（1911年）至今，這本與眾不同的書籍已在全球以不同的修訂本和語言流通著。讀者將會發現作者坦白而有力地指出錯處，並提出建基於上帝的話語之相關解決方法。社會宗教縱然在過去數十年上有改變和調整，書中提及之重點和它對將來的觀點，仍然是合時和引人入勝的。

本書已帶領無數的生靈回到真牧者的懷抱。在此祝願《善惡的對決》能為永恆帶來更多更美好的果子。

出版序

懷愛倫師母（Ellen G. White, 1827-1915）生長於19世紀中葉的美國，她對於上帝的忠心以及上帝藉著她帶給這世界的亮光，在這一百多年來，讓千千萬萬人受惠。她也藉著可以超越時空的文字事工，嘉惠多人。

懷氏原著多為厚達數百頁，為了顧及初信者和慕道友在真理上的需求，也因現代人生活忙碌，喜歡閱讀短小精簡的文字，因此，時兆出版社將原書濃縮調整成百餘頁，讓忙碌的現代人可隨時利用片刻時間閱讀。

為了和「完整版」有所區別，因此在幾經商談討論之後，決定使用新書名並重新設計繪製封面，務求其耳目一新，讓更多人領略懷師母著作中的智慧與亮光，甚至是吸引讀者有興趣去閱讀「完整版」，進而接受來自上帝豐盛的恩典與慈愛。

耶穌基督升天時，留給我們的大使命：「所以你們要去，使萬民作我的門徒。」（太28：19）這是時兆出版社極大的負擔。願上帝使用這本書，使祂的名被高舉得榮耀！

時兆出版社謹誌

OVERSY

前言

　　《善惡的對決》是一本滿載預言的書籍，其中敘述人類自受造以來的歷史，又詮釋聖經對未來所要發生之事的啟示。將過去已經實現以及即將實現的事情，向當今的世人顯明。使我們閱讀之後，能夠知道今後世界發展的方向以及人類該何去何從。

　　在這本書中很清楚的彰顯上帝是一位公義與慈愛的神，祂對罪惡作了公平正義的處理，為罪人作了慈愛偉大的犧牲。從犯罪、墮落、背叛和審判中，人類可看清撒但猙獰醜惡的面目；而從恩典、赦免、試煉和救贖中，人類也看到上帝對我們是何等的用心良苦。在宇宙天地之間，愛我們的主依然掌管著明日的命運。祂要我們持守忠誠的信心和永生的盼望。

　　唯願每一位讀者，不但從這本書中得到預言的啟示，更重要的乃是從過去、現在以及未來的大事裡，看到上帝聖手的引導，並願意伸出你的手，緊握祂的應許，讓祂帶領你步向天家。

作者簡介

懷愛倫（Ellen Gould White，父家姓Harmon，1827年11月26日出生在美國緬因州歌爾罕鎮Gorham，Maine，U.S.A.）為基督復臨安息日會早期作家之一。她是美國最多產的女作家之一，有超過二千五百萬字的作品。內容非常廣泛，她除了寫出對聖經的領受，以及屬天的啟示，還包括許多家庭教育、衛生健康、節制。當然，她最重要的是五本有關善惡對決的叢書，以及達到五千頁對教會的證言，其中的信息包括了許多她對我們個人的輔導、勸勉和警戒。還有關於對聖經要道的注釋，也都是重要的部分。

她寫作已有40年之久，生前寫了許許多多的文章，發表在教會公報和主要的刊物上，所以不論就數量和品質，懷愛倫姐妹所留給世界和教會的是極重大的遺產，現在由懷氏著作託管委員會監管這一切。

而其中55本在上帝聖靈感動下所寫成之著作，現在已譯成百餘種語文，發行達2,000萬冊以上。她對世事及現代之預言，已戲劇式的應驗，其於醫藥營養方面所發表之先見，亦正逐一為科學之研究與發現所證實。

OVERSY

她最著名的五木作品為：《先祖與先知》、《先知與君王》、《歷代願望》、《使徒行述》、《善惡之爭》，這五本預言之靈叢書將聖經從〈創世記〉至〈啟示錄〉，做了詳實且精闢的註解，讓人更容易窺見聖經的奧祕。

THE GREAT CON

目錄 ▶▶

第 1 章	世界命運的預測	10
第 2 章	殉道者的信心	16
第 3 章	靈性的黑暗時代	20
第 4 章	忠貞的擎光者	25
第 5 章	宗教改革的晨星	30
第 6 章	兩位殉道英雄	35
第 7 章	徘徊歧路的馬丁路德	41
第 8 章	真理的戰士	47
第 9 章	瑞士的改革運動	53
第 10 章	改革運動的進展	58
第 11 章	諸侯的抗議	62
第 12 章	法國的改革運動	67
第 13 章	荷蘭和斯堪地那維亞	75
第 14 章	真理在英國的發展	79
第 15 章	聖經與法國革命	85
第 16 章	清教徒的追求自由	91
第 17 章	黎明的曙光	95
第 18 章	一個重要的預言	100
第 19 章	失望中的希望	106
第 20 章	普世的宗教奮興	109
第 21 章	拒絕真理的後果	115

OVERSY

第 22 章	預言的應驗	120
第 23 章	潔淨聖所	125
第 24 章	作中保的耶穌基督	130
第 25 章	預言中的美國	133
第 26 章	最後的改革運動	139
第 27 章	近代的復興	143
第 28 章	查案審判	148
第 29 章	罪惡及痛苦的起源	152
第 30 章	人類的大敵	156
第 31 章	邪靈的工作	159
第 32 章	撒但的羅網	162
第 33 章	永生的奧祕	166
第 34 章	招魂術	171
第 35 章	羅馬教廷的策略	175
第 36 章	迫近的爭戰	181
第 37 章	我們唯一的保障	184
第 38 章	最後的警告	188
第 39 章	大艱難的時期	192
第 40 章	上帝的子民蒙拯救	198
第 41 章	全地荒涼	204
第 42 章	善惡之爭的結束	207

01 世界命運的預測

耶穌快到耶路撒冷，看見城，就為它哀哭。（路19：41）

　　耶穌從橄欖山頂上，望見耶路撒冷一片昇平景象。此時正值逾越節期，雅各的子孫由各地前來，在城中歡渡節令。向遠處望去，遍地佈滿了巡禮者的帳幕；在周圍的山上，巍立著堂皇的宮殿和拱衛京城的堡壘。夕陽的餘暉照耀著聖殿的雲石牆壁；那黃金的門樓尖閣也反射出萬道金光來。猶太全國都為這莊嚴偉大的聖殿和聖城感到自豪和讚歎！在這萬民歡騰、舉國同慶之時，耶穌卻哭了。祂的憂傷非比尋常。主雖然深知自己所要面臨的遭遇，但這一場哀哭卻不是為了自己。祂乃是為耶路撒冷內將要遭劫的千萬人民而哀哭，因祂要賜福、拯救的人竟盲目無知，不肯悔改。

　　上帝一千多年來對祂選民眷佑的歷史，這時全展開在耶穌面前。在那裡有以撒預表聖子被獻的表號和亞伯拉罕的信心之約，有歷代先知向他們發出的警告，有祭司香爐的繚繞與會眾的祈禱一同升到上帝面前，有上帝子民每日的獻祭，有耶和華親自在施恩寶座上的雲彩中顯現，還有上帝的使者在通天的梯子上，上去下來。以色列國如能對上帝保持忠誠之心，耶路撒冷就必堅立不倒，成為上帝所特選的城邑，作祂的居所。然而他們拒絕了上天的恩典，濫用自己的特權，輕視自己的機會。他們的歷史終究成為一篇悖逆的記錄。

以色列民雖屢次拒絕上帝，但祂「是有憐憫、有恩典的上帝，不輕易發怒，並有豐盛的慈愛和誠實，」註1祂仍將最寶貴最佳美的恩賜傾降給人類。上帝的獨生愛子親自來到這頑梗之城，向他們發出懇切的呼召。有如栽種葡萄園的園丁一樣，不倦不息地悉心栽培，希望能夠挽救即將遭毀滅的葡萄樹。基督在他們中間行走三年之久，「周流四方行善事，醫好凡被魔鬼壓制的人。」註2祂安慰傷心的人、醫治患病的人、叫死人復活和傳福音給眾人。耶穌所發出的呼召說：「凡勞苦擔重擔的人，可以到我這裡來，我就使你們得安息。」註3祂從不拒絕向祂祈求的人，總是以無比的慈愛服務世人。但以色列人仍然棄絕了這位救主。及至耶穌被掛在十字架上時，他們蒙神恩眷的時日也就期滿了。

基督又展望到未來的日子，看見以色列的子民分散各地，「像荒涼海岸上的破船一樣。」祂以慈憐發出的歎息，說：「耶路撒冷啊！……我多次願意聚集你的兒女，好像母雞把小雞聚集在翅膀底下，只是你們不願意。」註4基督以耶路撒冷代表全世界，因著不信和叛逆即將遭受刑罰，雖然祂渴望拯救每一個人，但卻無法挽回人類禍患的狂瀾。祂極願捨命將救恩賜予世人，卻無人肯來就近祂。於是天上的大君——上帝的聖子悲痛落淚了！這種情景令全天庭感到驚奇。猶太人所犯的大罪，就是拒絕救主；今日基督教界所犯的大罪，亦是拒絕上帝的律法。耶和華的誡命將要被人輕視，遭人廢棄。

千萬的人要受罪惡的捆綁，並注定要受第二次死亡的痛苦，因執迷不悟而沉淪。

在逾越節的前兩天，基督末次離開聖殿，在痛斥猶太領袖的虛偽之後，祂和門徒同到橄欖山上，眺望著耶路撒冷城。祂再度看到輝煌的聖殿，像是聖山上一頂光榮美麗的冠冕。在一千年

前，第一座聖殿是在以色列最強盛的時代建造的，由大衛王收集材料、寶物，受聖靈感動而策劃聖殿的樣式，然後由所羅門王完成建造的工程。這所聖殿的壯麗乃是空前的。及至尼布甲尼撒王毀滅聖殿之後，在基督降生前五百多年，它由被擄而又重回家園的人重新建造起來。但是這第二次建的聖殿卻比不上第一次建的聖殿壯麗，它沒有上帝臨格的顯示，沒有榮耀的雲彩充滿著，也沒有火從天降下焚燒壇上的祭物。在至聖所內的基路伯之間沒有榮光顯現，沒有約櫃、施恩座和法版，天上也沒有發出聲音告知耶和華的聖旨。然而第二次建的聖殿因有道成肉身的主親自臨格，拿撒勒人耶穌在聖殿的院宇中教訓百姓和醫治病人，在這一件事上，比第一次建的聖殿更為榮耀。但以色列人拒絕這恩典，當耶穌走出聖殿時，那榮耀就永遠離開這殿了。

耶穌告訴門徒說：「將來在這裏，沒有一塊石頭留在石頭上不被拆毀了。」註5門徒聽見基督預言聖殿將要遭毀滅，充滿了恐懼和驚奇，並渴望更充分地明白這話的意義。但基督只向他們提及概略，在此時不讓他們被可怕的事實壓倒。祂所說的預言，一方面預示耶路撒冷的毀滅，同時也預示末日的厄運。在這可怕的事件來到之前，必有一些不容誤會的預兆出現。那可怕的時辰將要突然而迅速地來到。因此祂警告門徒：「你們看見先知但以理所說的，那行毀壞可憎的，站在聖地；⋯⋯那時，在猶太的，應當逃到山上。」註6當羅馬軍隊在城外豎立軍旗時，凡要逃跑的都不可耽延。在希律王統治之下，耶路撒冷不但得到美化，而且建立了堅固的城牆，加上坐落於有利的地勢，因此預言這城要遭毀滅，是令人難以置信的。然而耶路撒冷因為罪和頑梗不信的緣故，注定難逃劫運。

當時以色列人一面自稱嚴格遵守律法的條例，一面卻干犯律法的原則。他們憎惡基督，視祂為禍首，認為除去祂，便能再

度成為強盛而統一的民族。這樣，猶太的領袖們「以人血建立錫安，以罪孽建造耶路撒冷」。但在基督宣佈耶路撒冷的劫運之後，上帝又寬容他們四十年之久。在猶太人中，尚有多人未曾認識真光，因此上帝藉著眾使徒的傳道工作，使真光照亮他們。及至他們再次拒絕真光，就完全陷入萬劫不復之中了。當時彼此對立的各黨派領袖，有時聯合起來搶奪和肆虐，有時又互相殘殺。許多前來敬拜的人都在祭壇之前被殺害，聖所就被屍體玷污了。在羅馬軍兵包圍聖殿時，他們還賄買假先知出面勸告百姓等待上帝的搭救。於是城內一片混亂，血染遍地，彼此殘殺；同時敵軍亦攻陷堡壘，殺入城內。

有許多奇事出現，預指災禍和刑罰將臨。在深更半夜，有一道奇異的光芒照射在聖殿與祭壇之上。在夕陽的雲端，也出現戰車戰士聚集備戰的幻象。夜間在聖所供職的祭司們，因神秘的響聲而震驚；大地忽然震動，隨後有群眾呼喊逃跑的聲音。巨大的東城門，在午夜時竟不假人力而自開了。又有一個人在耶路撒冷的街上行走，宣告將要臨到的災禍，長達七年之久。這人曾被捕入獄，遭受鞭打，卻不發任何怨言，警告的呼聲也不停止，直到他也在預言的災禍中被殺。

在耶路撒冷的毀滅中，沒有一個基督徒遭害。凡相信祂話的人，都儆醒等候所應許的兆頭。在薛提亞統率的羅馬軍兵圍城之際，他突然下令軍隊撤退。這乃上帝特別的安排，讓祂的子民有逃脫的機會。當薛提亞撤兵的時候，猶太人正駐在城內守住棚節；因此基督徒儘可不受猶太人和羅馬人的阻擾，逃到約但河外比利亞地的柏拉城。

猶太的軍隊從後面突襲薛提亞的羅馬軍隊，得到表面上的勝利。在提多大將軍再度包圍耶路撒冷城時，正值逾越節期間，有數百萬的猶太人聚在城內。他們的糧食本足以供應數年之用，

但由於黨派紛爭，早已把存糧糟蹋掉。千萬人因饑荒和瘟疫而死亡，剩餘的人在搶劫虐殺之中倖存。羅馬軍長竭力威迫猶太人投降，甚至在嚴刑拷打之後，將他們釘在十字架上，並豎立在城下。每天都有數百人受刑，直到約沙法谷及髑髏地都豎滿了十字架，連人也無法走在其中。這就應驗了猶太人在彼拉多審判臺前所發的誓言：「袍的血歸到我們、和我們的子孫身上。」註7

提多將軍曾想保住這美麗的聖殿，數度發出勸降或換另一個地方交鋒的要求，不願意侵犯聖殿的神聖。這些勸告均不被接受，最後只好攻下並佔領聖城。雖然如此，他仍下令不可毀壞聖殿。但在夜裡猶太人從聖殿中衝出襲擊士兵們，在交戰中，有一個士兵將火把丟進聖殿門內，聖所的香柏木廂房立即著火。提多下令兵士去救火，但兵丁們卻置若罔聞，紛紛將火把往聖殿裡丟。他們又用刀劍殺戮許多在聖殿中避難的猶太人，使殿內血流成河。

提多無法制止士兵的狂怒，便帶著手下的幾個官兵進入聖殿，乍然對殿中的輝煌景色驚訝不已。於是再吩咐士兵阻止大火的蔓延，百夫長力勃拉利甚至用指揮杖迫使士兵服從。但士兵們看見許多物件在熊熊烈火中發出金光，以為內中必藏有無數珍寶。有一個士兵趁人不備，把燒著的火把塞進殿門的樞紐裡，剎那間整座建築都燃燒起來。官兵們只好退出聖殿，任其遭劫了。聖殿裡充滿烈火焚燒的怒吼聲、樑柱倒塌的轟隆聲、人們的哀嚎聲和羅馬士兵的吶喊聲，一時混亂不堪。城內城外被屠殺的人無數，軍兵在死人堆裡進行殺滅的工作。聖殿被燼之後，猶太的領袖們亦棄城而去。當提多將軍進佔耶路撒冷城時，城內都是空的，全城和聖殿都被夷為平地，連根基也被挖出來。這場大屠殺死亡的人數高達一百餘萬，剩下的人都被擄去，或被賣為奴，或被帶到羅馬。有些人被帶到羅馬的圓形劇場，投在野獸群中，還

有 些人則流亡分散全世界各地。

猶太人因為頑固而拒絕上帝的慈愛與恩典，上帝撤回了祂的保護，他們便遭此巨災浩劫。上帝並不以執行審判者的態度對待罪人，只讓那些拒絕祂恩典的人自食其果。人每次拒絕一線光明，忽略一道警告，放縱一次情慾，干犯一條律法，就是撒下一粒種子，將來必要收所撒之種的果實。

對於一切輕視主恩慈的邀請、並抗拒上帝懇勸的人，耶路撒冷的毀滅乃是一項可畏而嚴肅的警告。世人拒絕上帝的結果是多麼可怕的滅亡啊！但到末時，正如耶路撒冷遭毀滅時一樣，上帝的子民必蒙拯救。在基督第二次降臨的時候，「祂要差遣使者，用號筒的大聲，將祂的選民，從四方，從天這邊，到天那邊，都招聚了來。」註8那些不順從福音的人，要像古時的以色列人一樣，被上帝的榮光所毀而自取滅亡。

但願人人儆醒，免得疏忽基督所賜予的教訓。凡看到祂復臨各種預兆的人，應「該知道人子近了，正在門口了。」註9「主的日子來到，好像夜間的賊一樣。」註10無論如何，這一日終必在惡人不知不覺之時臨到。正當人照常生活，專注於享樂和醉生夢死之際，突然而來的毀滅必臨到一切不儆醒和不敬虔的人。正如昔日猶太人一樣，他們必難逃厄運。

【註1】出34：6　　　【註2】徒10：38　　　【註3】太11：28

【註4】太23：37　　　【註5】太24：2　　　【註6】太24：15、16

【註7】太27：25　　　【註8】太24：31　　　【註9】太24：33

【註10】帖前5：2

02 殉道者的信心

你務要至死忠心，我就賜給你那生命的冠冕。（啟2：10）

當耶穌將耶路撒冷的厄運和祂再次降臨的景象啟示給門徒時，祂也提及從祂離開直至祂復臨時，上帝的百姓所必有的經歷。在橄欖山上，祂以簡單的言辭預言世界的掌權者將要如何對待上帝的教會。基督的門徒必須踏上夫子所走過的同一道路，面對屈辱和逼迫。

早期教會的歷史顯示當時異教集合了所有勢力來逼迫基督徒。基督徒的財產不但被奪走，還要被家人趕出去，「忍受戲弄、鞭打、捆鎖、監禁。」註1無論是貴族或奴隸、富戶或窮人、智士或愚夫，一律慘遭殘殺。這種逼迫在尼羅皇帝統治之下，約始於保羅殉難之時，而延續了兩百多年。當時基督徒成為群眾仇恨和猜疑的對象，並被指控為一切災難的禍根。無數的人被拋給鬥獸場中的野獸，任其撕裂；有的被活活燒死，有的被釘在十字架上。他們的受刑常被當作公共娛樂節目，供人觀賞取樂。基督徒不論藏身何處，總是被人追捕。他們不得不躲避「在曠野、山嶺、山洞、地穴、飄流無定，」註2千萬人住在墓穴中，在羅馬城外的山腳下，在泥土和巖石中挖掘地道，一直伸展到城外數哩之遠。當主復臨時，許多殉道的人將要從這些幽暗的深穴中出來。

在最凶殘的逼迫下，忠心為主作見證的人保持信仰的純潔。

他們以信心、忍耐和希望的話彼此勉勵，雖然失去世上所有，卻不放棄對基督的信心。當他們受逼迫時，因自己配為真理受苦而欣喜，並知道在天國的賞賜是大的。撒但雖然用暴力摧殘基督的教會，但他一切的努力都是徒然的。上帝的工人固然被殺害，祂的聖工卻穩步前進。福音繼續傳開，信徒人數也不斷增多，甚至傳到羅馬的御營中。這些逼迫反成了更有力的邀請，為福音撒下種子。千萬人被監禁和殘害，可是總有人來補充他們的空缺。從諸般苦難試煉中，基督徒更加親近救贖主，也使他們彼此更為團結。他們生活的榜樣和臨死的見證，為真理作了最佳申辯。甚至有撒但的臣僕亦投身於基督的旗幟之下。

於是撒但重新佈署，企圖藉著欺騙誘惑的手段滲入教會。因此逼迫停止了，取而代之的是暫時的興旺和屬世的引誘。那些拜偶像的人只接受部分的基督教信仰，口頭上承認耶穌是上帝的兒子，並相信祂的死和復活，可是不覺自己有罪，亦不感到有悔改或重生的必要。他們主張修改部分的信仰，使教會陷入分裂的危險中。最後，大多數的基督徒同意降低標準，和異教聯合起來。拜偶像者加入教會，並未放棄拜偶像的習慣，只不過把跪拜的對象改為耶穌、馬利亞和聖徒而已。錯誤的教義、迷信的禮節、拜偶像的儀式與教會的信仰和崇拜混雜一起。基督教就漸趨腐化，教會也失去了純潔和力量。

在自稱為基督徒的人中，向來就有兩等人。有一等人盡力效學基督的榜樣，而另一等人則逃避那能顯露他們錯誤的真理。在耶穌的十二使徒中，也存有一個猶大。基督希望藉著每日的教導和接觸，能夠感化他。結果他放縱罪性，招引撒但的試探，終於犯下出賣夫子的罪行。凡自稱敬虔而心懷罪惡的人，必像猶大一樣，落入幽暗權勢的操縱。在早期的使徒教會中，也曾遇到這等虛偽的人。亞拿尼亞和撒非喇在奉獻上行欺騙，於是上帝的刑罰

臨到他們。偽善之人不能與真實的基督徒長久共存。當試煉和逼迫臨近時，惟有甘心為真理撇棄一切的人才能站立得穩。因此，當逼迫延續時，教會就比較純潔。逼迫一停止，便有不真誠和不敬虔的人加入教會，為撒但打開方便之門。

光明之君和黑暗之君是不相合的。既有這些叛道者和半信異教的人進入教會，忠心的聖徒就不得不作一番奮鬥。當時聖經已不再被公認為信仰的標準。經過長期的爭戰之後，忠實的信徒決意作出切割。他們看出如果要順從上帝，這種分裂是無可避免的，即使引起戰爭也在所不惜。早期的信徒中確有許多忠貞之士，他們人數雖少，又無財富及名利地位，可是他們的品格和教訓為人所共知，使作惡的人戰兢恐懼。從古至今，忠心的聖徒總是不斷地激起作惡之人的仇恨和反對。

因此基督說：「我來，並不是叫地上太平，乃是叫地上動刀兵。」[註3]福音確是一個和平的信息，若為世人接受，必能使人與上帝和好，為世界帶來平安、融洽與幸福。但對於順服罪惡之人，他們恨惡那足以暴露和指摘罪行的純潔生活，於是對聖徒施行逼迫和毀滅，因此福音成為了「刀兵」。上帝往往讓惡人順利亨通，反倒讓義人受苦受難。主曾對門徒說：「『僕人不能大於主人。』他們若逼迫了我，也要逼迫你們。」[註4]上帝並不忘記或疏忽祂的兒女。祂讓惡人興盛，露出他們的真面目，是要他們受到公正的報應。義人經過苦難的熬煉，必能顯出真實的純潔和敬虔，得到至高的獎賞。

現今的教會也失去了純潔和神聖的特質，所以沒有引起反對。它與罪惡妥協，對聖經的真理漠不關心，缺乏真正的敬虔。只要恢復早期教會的信心和能力，則逼迫之火燄也必復燃。正如使徒保羅所說的：「凡立志在基督耶穌裏敬虔度日的，也都要受逼迫。」[註5]

【註1】來11：36　　　【註2】來11：38　　　【註3】太10：34

【註4】約15：20　　　【註5】提後3：12

03 靈性的黑暗時代

因這地上無誠實，無良善，無人認識上帝。……我的民因無知識而滅亡。（何4：1、6）

使徒保羅曾預言在基督復臨之前，「必有離道反教的事，並有那大罪人，就是沉淪之子，顯露出來。他是抵擋主，高抬自己，超過一切稱為神的，和一切受人敬拜的，甚至坐在上帝的殿裏，自稱是上帝。」註1這乃指出日後羅馬教的發展和教皇勢力的建立。

異端在不知不覺中潛入基督教會，隨時準備在暗中發動。當教會遭受劇烈逼迫時，暫時抑制住妥協之風氣。及至逼迫停止，基督教傳進王宮貴族之間，教會失去謙卑儉樸的精神，逐漸效法異教僧人和官僚的傲慢與虛榮。他們廢除上帝的律法，以人為的理論和規條取而代之。在第四世紀初葉時，君士坦丁皇帝的悔改信教，使教會大為興奮，但同時屬世的精神亦滲入教會之內，腐化的影響便迅速蔓延。異教的教義、儀文和迷信，從此進入基督教會的信仰與敬拜之中。

這龐大虛偽的宗教制度，乃是撒但之傑作。他曾在曠野中試探上帝的兒子，表示只要祂願意妥協，承認幽暗之君的無上政權，便可得到世上一切的榮華富貴。基督斥責那狂妄的試探者，叫他退去。如今撒但用同樣的方法試探人類時，卻得到極大成功。教會被引誘去尋求地上大人物的贊助和支持，就進一步被誘

惑去效忠撒但的代表——羅馬的教皇。羅馬教稱教皇為普天下教會的元首，具有無上的威權，管理世界各地的主教和教牧人員。更有教皇被稱為「主上帝教皇」，接受眾人向他敬拜。主說：「當拜主你的上帝，單要事奉祂。」^{註2}上帝在祂的聖言中，從未委派任何人擔任教會的元首，此種做法乃與聖經的教訓相抵觸。羅馬教徒更誣告基督徒相信異端，說他們故意脫離真教會，殊不知這說法正應該用在他們自己身上。

撒但深知要達到控制人心的目的，就必須使人離棄聖經。每一次基督都運用「經上記著說」來抵擋他的襲擊，故此撒但必須隱蔽聖經，於是羅馬教會禁止銷售聖經，禁止人閱讀聖經，家中也不准藏有聖經，只讓信徒聽信神父和主教們曲解聖經。故此，教皇就被公認為上帝在地上的代理人，並賦有統治教會與國家的權威。

先知預言說羅馬教皇「必想改變節期、和律法。」^{註3}為使更多教徒在表面上信奉基督起見，便製作神像代替所敬拜的偶像；於是敬拜偶像和聖物的風氣，逐漸進入基督教的敬拜中。羅馬教擅自刪除那禁止人拜偶像的第二條誡命，並把第十條誡命分作兩條，以補足十條之數。撒但利用這些不專心事奉主的領袖們竄改第四條誡命，意圖廢除安息日，改為遵守異邦人的「太陽日」。這種更改，最初並不是公開進行的。在第一世紀，所有的基督徒均守安息日為聖日，並相信祂的律法是永不改變的。撒但卻狡猾地利用他的代理人將星期日定為記念基督復活的節期，並在這日舉行宗教禮拜。

其實早在基督降世之前，撒但就已藉著猶太人訂立許多嚴苛的條例加在安息日上，使遵守安息日成為重擔。此時，他又利用這些誤解，使人輕看安息日，說它是猶太人的制度。在第四世紀初期，君士坦丁皇帝下諭將星期日定為羅馬帝國的公共節期。

撒但利用那些半悔改的異教徒、野心勃勃的主教和貪愛世俗的信徒而逐步達成目的。在上帝的誡命中，第四條誡命顯明上帝是創造天地的主，在第七日世人要記念祂的創造大工，將這日分別為聖。現今基督徒宣稱基督既在星期日復活，可使這日成為基督教的安息日，這種說法並無聖經的依據，耶穌和門徒亦沒有尊崇這天。以星期日為聖日的制度，乃是「那不法的隱意」註4之首創，在保羅時代此勢力就已發動了。

到第六世紀，羅馬教安置寶座在羅馬帝國的首都，羅馬主教被稱為全教會的元首。那「龍」已將能力、座位和大權柄都給了那「獸」。教皇施行逼迫的一千二百六十年從此開始。忠心的信徒遭受空前殘暴的逼迫，世界變成了一個大戰場，歷經數百年之久。正如先知所預言：「婦人就逃到曠野，在那裏有上帝給她預備的地方，使她被養活一千二百六十天。」註5從羅馬教掌權開始，也就是黑暗時代的開始，人的信仰亦從基督轉移到羅馬教皇身上。教皇成為人們在地上的中保，若不藉著他，無人能到上帝面前。他代表上帝，所以人人必須絕對服從他。人的律法和規條既被高舉，上帝的律法就被廢棄。忠心高舉真理旗幟的人所剩無幾，一般人已經看不見福音的真光。他們還相信要靠自己的行為贖罪，例如：長途跋涉去朝拜聖地，刻苦修行，敬拜聖物，建造教堂、神龕、祭壇，並捐獻巨款給教會等。他們以苦行和禮物換得恩寵或平息上帝的怒氣。

在第八世紀末，羅馬教徒主張：羅馬主教在早期教會即有至高的權威。於是有僧侶們偽造古代的文書，證明教皇的權威是自古流傳下來的。有些忠心的信徒亦在爭戰中感到疲憊灰心而離開真實的根基。黑暗越見深沉，拜偶像之風亦日漸普遍。信徒們甚至在偶像面前點燃燈燭，向它祈禱。人的思想完全受迷信所支配，神父和主教們亦沉醉於宴樂、荒淫和敗壞之事，帶領民眾陷

入愚妄和罪惡中。在第十一世紀，教皇貴鈞利七世宣佈教會是完全的，絕無錯誤的；又主張自己有廢黜君王之權，無人能更改他的每一項判決。德國皇帝亨利四世擅敢冒犯教皇的威權，便受到教皇開除教籍，廢除他的王位。同時，教皇又鼓勵公侯造反，在遭背棄和恫嚇之下，亨利不得不向教皇求和。他攜同王后和忠僕，在嚴冬裡攀越阿爾卑斯高山，又在教皇貴鈞利的宮殿外，衣衫單薄的等候傳見。在禁食認罪三日後，才蒙教皇予以赦免，而且必須等候教皇下令許可，才能恢復王位。這種傲慢的作風與基督的柔和謙卑，形成顯著的對比！

　　一世紀又一世紀地過去，羅馬城所傳出來的教義，越發荒誕不經。許多嚴重的錯誤、異端混入基督教的信仰之中。其中最顯著的乃是人的靈魂不死和死人仍有知覺的教義。這教義奠定了羅馬教建立聖徒為人代求和崇拜貞女馬利亞兩項教條的根基，使其成為信條之一。羅馬教又開啟了「煉獄」的道理，宣稱有一個執行酷刑的地方，讓不必永遠淪入地獄者的靈魂，可以在煉獄裡受罰，及至罪惡被煉淨之後，便可升入天堂。羅馬教又提倡特赦之道，凡參加教皇軍役、擴張教皇領土或消滅反對教皇權威的人，他們過去、現在和將來的罪都可得赦免，而且可同時勾銷他們本應受的刑罰和痛苦。羅馬教會教訓人藉著捐款給教會就可脫罪自由，甚至可以釋放在煉獄火燄中受痛苦的已故親友之靈魂。利用這些方法，羅馬教廷便金銀滿庫，足供他們奢侈揮霍，甚至放蕩邪淫。

　　這時，聖餐禮節亦被拜偶像式的彌撒祭所代替。羅馬教的神父們偽稱他們能藉著畫符念咒，把普通的酒和餅變成基督的真肉和真血。他們公然宣稱自己有創造主上帝的權能，甚至將成千上萬拒絕這教條的人，用火焚死。在第十三世紀，羅馬教成立了最殘酷的機構，就是信仰裁判所。這「大巴比倫」已經「喝醉了聖

徒的血。」註6羅馬教皇成為全世界的獨裁統治者，不論是今生或來世，都已操在他的掌握之中。羅馬教會得到空前的尊榮、威嚴和權力。不但一般人民幾乎都不知道有聖經存在，就連神父也是如此。各種欺詐、貪婪、淫蕩的行為，到處風行。人們為名為利，無所不為。教皇和主教的宮廷成了荒淫邪惡之地。數百年以來，歐洲各國在學問、藝術和文化上，毫無進步，基督教界在道德和知識上呈現麻痺狀態。這一切皆因廢棄聖經而產生的後果。

【註1】帖後2：3、4　　　【註2】路4：8　　　【註3】但7：25

【註4】帖後2：7　　　　【註5】啟12：6　　　【註6】啟17：5、6

04 忠貞的擎光者

因為上帝賜給我們，不是膽怯的心，乃是剛強、仁愛、謹守的心。你不要以給我們的主作見證為恥。

（提後1：7、8）

　　在羅馬教掌權的漫長時期中，全世界都黑暗了，然而真理的光芒並未全然消滅。每一個時代都有上帝的見證人，以聖經為人生的唯一準繩，遵守安息日為聖日。當時雖然遭人誹謗和迫害，卻能世世代代保持自己信仰的純潔，作為傳給後世的神聖基業。

　　羅馬教會意圖消滅一切反抗她教義和命令的人，並設法毀掉一切有關她虐待反對之人的記錄，規定將記載這事的書籍和作品，都要付之一炬。凡在她管轄之內的教會，均不能長久享受信仰的自由。在大不列顛群島，純正的基督教早就奠定了基礎。不列顛人在早世紀所接受的福音，尚未受到羅馬教會叛道的腐蝕。當反對基督教的勢力伸展到那裡時，許多英格蘭的基督徒逃到蘇格蘭去，然後從那裡將福音傳到愛爾蘭。及至撒克遜人侵入不列顛，邪教就得了統治權，基督徒被迫退隱到山野之間。那一時隱蔽的真光，過了一個世紀，便在蘇格蘭照耀出來。來自愛爾蘭幾位敬虔的哥侖巴和同工們，將四散的信徒聚集到一個名叫愛歐那的小島上，以這個偏僻的島嶼為向外佈道的中心。這些傳道人中有一位是遵守安息日的，他便將這真理傳授給他們。在愛歐那島上成立了一所學校，派出許多傳道士，不但到蘇格蘭和英格蘭，

而且也到德國、瑞士、甚至義大利半島上傳揚真理。

羅馬教廷早已注意到不列顛，想將這地方收歸權下。在第六世紀，她的宣教士便著手教化英國的撒克遜異教徒，成千的人信服了羅馬教派。他們與原來的基督徒有顯著的分別：基督徒在品格、道理和舉止上是淳樸謙卑，符合聖經的；而羅馬教徒卻顯出迷信、奢華和傲慢的作風。羅馬教廷屢次飭令要基督徒歸順她，均遭委婉而堅決的拒絕。結果招致戰爭、陰謀和欺騙的摧殘，直到不列顛的各教會屈服或被毀於教皇的權威為止。在羅馬教勢力以外的地區，有許多基督徒的團體未受羅馬教的腐化，長達數世紀之久。可是他們被異教包圍，經年累月，總不免受謬道的影響。這些位於中非洲和亞洲阿米尼亞的教會依然謹守聖經的真理，遵守第四條誡命的安息日。

在抗拒羅馬教勢力的各教會中，瓦典西宗派算是站在最前列的。瓦典西人住在義大利北部的庇德蒙省，這一帶的教會堅持獨立數百年之久。過了多年，在羅馬教的威迫下，只好歸順教皇的權力。但有一小部分的人堅決忠上帝，保持信仰的純潔，於是便自行退出。有些人離開阿爾卑斯山地區，到國外去宣教；還有一些人退到山谷和高山上，在那裡保持敬拜上帝的自由。瓦典西派的宗教信仰是根據聖經的明文，屬於正統的基督教。這些卑微的農民住在偏僻的山區，每日在果園和牧場上耕作，領受先祖遺留的信仰。真正的基督教會乃是「在曠野中的教會」，而不是設寶座於西歐世界中心的驕傲教廷。羅馬教對安息日的仇恨，成為和真正基督教會分裂的主因。當時受教皇管轄的教會早就被迫守星期日為聖日，就連許多基督徒也一方面遵守真安息日，同時在星期日停工。但這還不能使羅馬教的領袖們滿意，他們極力斥責一切遵守真安息日的人。

瓦典西人是歐洲最早翻譯聖經者之一。在宗教改革運動之

前的數百年，他們已有自己語言的聖經譯稿。因他們擁有最純潔的真理，所以成為羅馬教仇恨和迫害的對象。他們稱羅馬教會為啟示錄中叛教的「巴比倫」，不惜一切地抗拒她的影響。高山峻嶺成了瓦典西人的藏身之地，在這裡，真理的火炬得以在中世紀的黑暗時代長明不滅。在這裡，他們保持忠貞的信仰，長達一千年之久。對這些忠實的逃亡者來說，山寨象徵著耶和華不變的公義。祂的言語句句堅定，祂的律例永不更改。環繞他們的山嶺，經常見證卜帝的大能，也保證上帝的眷佑。他們在孤寂的深山中並不寂寞，反而因能夠躲避迫害和自由的崇拜感謝上帝。他們的歌頌聲，充滿在叢山峭壁之間。

瓦典西人重視真理過於一切，並認真地將真理銘刻在兒女心中。他們的青年自幼就受聖經的訓誨，學習尊重上帝的律法。那時聖經抄本極少，他們將其中寶貴的訓言純熟背誦，許多人都能背誦新舊約中的大部分經文。作父母的教導兒女度清苦的生活，一方面接受長輩的管教，同時養成獨立的思想；很早就學習擔負責任，謹言慎行。節約和克己乃是教育的重點之一，藉著親身的勞動、計畫和信心，過有規律的人生。青年人雖然要辛苦地受磨煉，但並未疏忽學識方面的培養，不斷為造就聖工受造就。他們在高山的林蔭下，阿爾卑斯山谷裏聚集禮拜。做牧者的不但宣揚福音，還要負起拜訪病人、教育兒童、調解糾紛、勸戒過錯、和增進友誼的責任。他們靠著信徒樂意捐輸維持生活，而且每人都學會一種手藝，能夠供養自足。

青年人不但背誦聖經，也用不少功夫抄寫聖經。凡能講解聖經的人，往往在篇幅中附上簡略的註解，如此將寶貴真理彰顯出來。他們藏在幽暗的山洞裡，點著火炬，孜孜不倦地將一章一節的經文抄寫下來，恆切地進行這工作。

撒但一再促使羅馬教的神父和主教們把真理葬在邪道、異端

和迷信之中。可是上帝卻以最奇妙的方法，在這黑暗時代中保守真理，不受邪道的沾染。聖經乃真理的寶藏，上帝要聖經作為全人類的課本，成為兒童、青少年和成年人終身學習的資源。從祂的話中，瞭解祂的旨意，與創造主更親近。聖經就是上帝品德的啟示，也是上帝與人交通的媒介。瓦典西人並沒有忽視與世人接觸的重要，有一些青年從山間的學校被派到法國和義大利的學府中深造。被派去的青年難免會受到試探，但先前所受的教育為他們作了抵擋誘惑的準備。在學校中，他們將聖經的抄本縫在自己的衣服裡，帶在身邊。遇到適當的機會，就放一篇經文在那些願意接受真理的人容易看見的地方，默默地引人歸主。

基督的精神就是傳道的精神，也是瓦典西人的精神。他們認為自己有責任將真光照耀那些住在黑暗中的人。所以瓦典西的傳道人都要受國外佈道工作的訓練，每一個有志傳道的青年，必須在國外佈道區至少服務三年，才可在本鄉擔任牧養教會的工作。出去佈道的是兩人一組，正像耶穌差派使徒一樣。每一個年輕人和較年長的長者一起，長者負責訓練，青年人必須虛心受教。二人不經常同在一處，但常聚集祈禱、磋商，藉此互相堅固信仰。

每一個傳道人都學會一種手藝或技術，能夠在商務的掩護下進行工作。他們隨身攜帶聖經，遇有合適的機會，就請主顧留意這些抄本的話語。如對方有興趣讀經的話，就欣然留下幾篇經文。他們就這樣走遍了各大城市和遙遠的地區，散佈寶貴的真理種子。在他們經過的地方，有新的教會成立，亦有為真理殉道的血跡。上帝的道如此安靜地走遍當時的基督教界，到處都有人開門歡迎，滿心接受。

按照教皇和神父的教訓，許多人想靠苦行、修行、善行來救自己，甚至在各樣折磨中身體不支，與世長辭。瓦典西人渴望消除這些錯誤的障礙，將福音的應許帶給這些身心得不到平安的

人。藉著祈禱和重複誦讀聖經，使人緊握住基督才是得救的唯一
希望。他們經常整夜這樣作，得著這福音的人回到家裡又將恩光
分贈他人。工作完成之後，真理的使者就啟程往別處去，繼續為
主發光。

羅馬教廷下旨消滅瓦典西人，定他們為叛徒，任憑眾人殺害
他們。並有「異端審訊專員」追尋他們的蹤跡，令他們的家園和
會堂遭人踐踏或焚燬，並准許眾人奪取他們的財產。教皇更宣佈
凡參加此討伐運動的人，均可免去一切罪愆。雖然受到逼迫和屠
殺，瓦典西人仍派遣傳教士傳揚真理。他們散居各地，播下宗教
改革的種子。到威克里夫時代，改革運動萌芽，而在馬丁路德時
成長茁壯，並要持續發揚光大至末日。

05 宗教改革的晨星

你的言語一解開，就發出亮光，使愚人通達。

（詩119：130）

　　在宗教改革成功之前，所有的聖經冊數極少，然而上帝未讓人將祂的話毀滅，其中的真理也不能永遠被埋沒。上帝在歐洲各國引導人注意聖經，然後熱心地研究其中的真理。雖然不盡明白聖經的一切教訓，但卻發現了許多隱藏多年的道理，使他們以天國使者的身分，號召他人起來爭取自由。這時，除了瓦典西人已經將聖經譯成自己的方言之外，上帝的話在其他地區仍被埋藏於古文之中，只有受過高深教育的人才能明白這些文字。可是時候已到，聖經必須翻譯出來，使各地人民都有自己方言的聖經。

　　在第十四世紀有所謂「宗教改革的晨星」在英國出現，威克里夫約翰乃是宗教改革運動的先鋒。他向羅馬教廷提出的抗議是一場長期抗戰的開始，後來使許多人、教會和國家得到解脫。威克里夫曾受過高深的教育，並以才高識廣聞名。他精通哲學、教會的規條和國家的律法，這些知識對他日後的工作有相當的貢獻。他的博學多才，贏得敵人和友人的同樣尊敬。威克里夫在大學讀書時就開始認真地研究聖經，從其中找到過去無法找到的真理。於是決志獻身為基督服務，宣揚他所發現的真理。

　　在工作展開之初，威克里夫並無意與羅馬教廷對立。可是真理與謬道終會發生衝突的。他既看出羅馬教廷已離棄真道，去隨

從人的規條，就毫無忌憚地控告神父們忽視聖經，並要他們在教會中恢復聖經的權威。威克里夫是一個精幹的教師，也是極富口才的傳道人。他善於辨識道理的真假，膽敢抨擊羅馬教廷所贊同的惡習。他曾一度被聘為英國國王的牧師，勇敢地反對教皇命令英國國王納貢的事。於是英國國王和貴族聯合起來、抗拒納貢。

威克里夫亦反對當時的「托缽僧」制度。這些羅馬教的僧侶遍及英國，成為國家的禍害。僧侶們閒遊乞食的生活，不但損耗人民的資財，也使人看輕勞動，腐化青年人的思想。僧侶們常勸誘青年人在未經父母同意或違背父母的命令下，進入修道院，甚至強調修行高過孝敬父母的義務，因此令許多家庭親子離散。許多大學生也受僧侶們的矇騙，加入他們的組織。很多父母為防範僧侶們的影響，寧願不讓兒子到大學讀書。因此各大學的學生人數明顯下降，造成教育不振和文化低落。教皇授權給僧侶們去聽人認罪和赦免罪惡。從此弊端百出。僧侶們販賣贖罪券，增加自己的收入。原本用來幫助窮困和患病之人的捐獻，都送給貪財的僧侶們了。他們外表裝成貧窮的樣子，卻住在華麗的修道院裡，吃山珍海味，過著奢侈宴樂的生活。僧侶們要人民相信藉著承認教皇的權威、敬拜古代聖徒和餽贈禮物給他們，便可保證得救。

威克里夫著手改良這種制度，聲稱必須廢止修道院制度。有人看到僧侶們向人毫無顧忌地勒索財物，大為反感，並懷疑罪的赦免是否能用金錢購買，僧侶們為掩飾自己的貪婪，竟稱自己是跟隨主的榜樣。許多人為要明白究竟，就去查考聖經，反而使人們思想轉向真理。這時威克里夫開始寫些反對僧侶制度的傳單，目的在引人注意聖經和上帝。後來他又代表英國政府抗拒羅馬教廷的侵略政策，受任為英國大使，在荷蘭與教皇的使節會商達兩年之久。他在那裡接觸到法國、義大利和西班牙的宗教人士，觀察到許多羅馬教廷的內幕，洞悉羅馬教的真相和行動方針。回國

後，他更公開地抨擊羅馬教廷的貪婪、驕傲和詐欺。

英國國王派他在洛特勿教區傳道，但不久便引起教皇的不滿，送來三道指令，一道給威克里夫任教的大學，一道給英國國王，一道給英國主教。每一道指令都吩咐他們盡力堵住威克里夫的口。當時年紀老邁的國王愛德華三世常受主教慫恿，欲加害威克里夫。不久這位國王死了，繼位的乃是一位擁護威克里夫的人。原本下令要消滅他的教皇貴鈎利十一世也死了，預備審判威克里夫的主教們隨之解散。接著有兩個大主教出來爭奪教權，互相攻擊而自顧不暇，於是威克里夫得到片時的安寧，可在洛特勿教區殷勤傳道。他組織了一班傳道人，走遍全國，在大都市和農村中，將福音傳給老人、病患和貧窮的人。

威克里夫曾任牛津大學神學教授，常在大學的禮堂中講道，學生稱他為「福音博士」。然而他最大的成就乃是將聖經譯成英文，使每一個英國人都能用自己的語文讀到上帝的作為。這時還不滿六十歲的威克里夫，因積勞成疾而突然病倒。僧侶們一面慶幸，一面來到他的病榻前要聽他悔過。這位改革家卻堅決地說：「我是不會死的，卻要活下去，再控訴僧侶們的罪惡。」僧侶們聽後即狼狽離去。結果他克服了體弱多病，完成這項偉大的工作，第一本英文聖經譯本終於問世了。他將這永不熄滅的真光交給英國人民，藉此打斷迷信與罪惡的枷鎖。那時印刷術尚未發明，發行聖經必須用手抄寫。雖然有很多人自願從事抄寫，但仍供不應求。有經濟能力的人都想購買整部聖經，而其他人只買一部分，或是幾家人聯合訂購一本。威克里夫宣揚改正教義的特點，乃是因信基督而得救，而且唯有聖經是絕無錯誤的真理權威。他所派出去的傳道人將聖經和他的作品普及各處，以致幾乎有一半的英國人接受這新信仰。這時英國尚未禁止發行聖經，神父雖然反對，卻無法制止他們。後來禁止聖經的法律終於制定，

並嚴厲執行。他先後三次受審，但每次敵人均不能得逞。首先他們宣判威克里夫的作品為叛教的文字，隨後又說服年輕的國王理查二世，下令監禁信從威克里夫教義的人。威克里夫立即上訴英國議院，才重獲自由。第三次受審是在全國教會最高權威的審判案前，他依然勇敢地堅持教義，反駁敵人的控告。他把聽眾帶到上帝的審判台前，讓人們將謬道虛言放在真理的天秤上衡量一下。他的話好比利箭穿心，最後他說：「你們所抗拒的乃是真理，這真理比你們強，而且終必戰勝你們！」說完即退出會場，無人敢阻止他。

最後威克里夫被傳到羅馬教皇面前受審，雖然知道必遭危險，但他決心前去受審。無奈他身體突然癱瘓，於是改以書信上呈羅馬教廷。在信中他指出基督的福音乃是出於上帝，教皇既身為基督在地上的代理人，就更應效法主耶穌基督，並且教皇應將屬世的權威和地位讓給屬世的政權。威克里夫本以為自己必要受火刑而殉身，但他在洛特勿教堂正準備主領聖餐時，突然癱瘓，一病不起。上帝保守了他的性命，並延長他工作的時期，直到宗教改革的基礎奠定為止。

威克里夫出身中古的黑暗時代，上帝興起他像興起施洗約翰一樣，是要完成特別的任務，作新紀元的先鋒。他所傳之真理系統的統一和完全，無人能及；他所奠立的根基寬且深，使後人不必重新建造。他所發起的偉大運動，解放了人的良心和理智。因這運動源自聖經，是帶有恩惠和生命的，從第十四世紀直到現代。他聲稱那唯一權威不是教皇口中的話，乃是上帝的聖言，而且聖靈是解釋聖經的權威。聖經的研究能提高人的思想、感情和期望；能使人有堅定的心志、忍耐和毅力；能鍛煉人的品格，使心靈成聖。

人們通常稱呼威克里夫的教義和追隨者為「威克里夫派」或

「洛拉爾德人」，他們不但走遍英國，也帶著福音走遍外國。在威克里夫去世後，他們更加殷勤作工，使民眾的生活改變，連教堂也除去為羅馬教所陳設的偶像。雖然後來英國對宗教改革者大肆逼迫與殺害，但他們仍繼續祕密傳道，甚至在苦刑和火焰中為真理作見證。其中有多人犧牲財產，收容被驅逐的弟兄，堅守信仰。威克里夫去世後四十年，羅馬教在康士坦司召開會議通過議案，將他的遺骸掘出，當眾焚燒，然後將骨灰拋在河裡。後來波希米亞的胡斯約翰讀了威克里夫的作品，放棄羅馬教的謬道，接續宗教改革的工作。上帝的手一直親自引領著這運動。

06 兩位殉道英雄

**我倚靠上帝，我要讚美祂的話；我倚靠上帝，必不懼
怕。你把旌旗賜給敬畏你的人，可以為真理揚起來。**

（詩56：4；60：4）

　　早在第九世紀時，福音就已傳到波希米亞，那時聖經已譯成
通用的方言，也用普通的語言禮拜聚會。可是教皇的勢力逐漸增
強，教皇貴鈞利七世頒佈旨意，禁止用波希米亞語舉行禮拜，欲
藉此消滅聖經的光輝。有許多瓦典西人和阿比堅斯人因受逼迫而
離開法國和義大利，便來到波希米亞。這些人不敢公開傳道，卻
熱心地祕密工作，就此保持了純真的信仰。在胡斯之前，已有多
人公然指責教會的腐敗和社會的荒淫。

　　胡斯約翰出身卑微，早年喪父；母親認為教育和敬畏上帝的
心乃是最寶貴的根基。胡斯先在公立學校讀書，後來母親陪他到
布拉格大學成為免費生。在進城之前，她和兒子一同跪下，祈求
天父的厚恩。在大學裡，胡斯好學不倦，進步極快，他純正的人
格和溫雅的風度，頗受人尊敬。那時他是羅馬教會的忠實信徒，
大學畢業後，即獻身做神父。不久便在教廷有了地位，同時在母
校任教授，後來又做校長。數年之間，便成了受人景仰的名人。
後來他被委任作布拉格城內伯利恆堂的傳道士。當時社會各階層
中皆存有腐敗的現象，胡斯對罪惡毫不留情地斥責，以聖經的話
宣揚真理。

這時布拉格的一位市民耶羅米，從英國帶了威克里夫的作品回來。胡斯讀了這些作品，深感興趣，也贊同威克里夫所提倡的改革。同時英國皇后本是波希米亞的公主，她因威克里夫的教訓而悔改信主，於是設法使威克里夫的作品在波希米亞普及起來。此時，有兩個來自英國的學者來此傳道。他們公開抨擊教皇，因此受到當局的制裁。他們既是傳道人，又是藝術家，遂決定改變工作的方式。於是在公共場所畫了兩幅圖畫，一幅畫著基督騎驢進入耶路撒冷，穿著破舊衣服的門徒，赤著腳跟在後面。另一幅則畫著身穿華麗衣服的教皇，頭戴三層冠冕，騎著一匹裝飾富麗的馬，有紅衣主教、高僧、教長等前呼後擁著。

這兩幅畫轟動布拉格全城，亦在胡斯心中留下深刻的印象，使他更殷切地研究聖經和威克里夫的作品。真光從波希米亞終於傳到德國。因為布拉格大學起了一次風潮，造成上百的德國學生自動退學，當他們回國之後，就在祖國將福音傳開。布拉格改革的消息傳到羅馬不久，即有命令叫胡斯去向教皇說明。波希米亞全國上下聯合要求教皇准許胡斯留在布拉格，但未獲批准，倒是換來教皇的一道咒詛令。在那時代，人們相信教皇乃是上帝的代表，並且掌握天國和地獄的鑰匙。一個地區既受教皇咒詛，該地居民就不可能進入天國，在那裡死了的人，一概無法升天。因此一切宗教聚會皆須停止，教堂也關閉不得使用。全城的人認為胡斯是禍源，應把他交給羅馬教廷懲辦。於是胡斯離開布拉格，暫避到自己的家鄉，在那裡周遊鄉間，反而使福音更加廣傳。

胡斯在這一段經歷中，思想上經過了一番掙扎，他所看到的事實和所信仰的教條之間起了衝突。於是他決定以聖經的訓言作為良心的準則。等到布拉格的氣氛緩和之後，胡斯又回到伯利恆堂，以加倍的熱心和勇敢傳講上帝的道。雖然敵人眾多，但胡斯亦有王后和貴族朋友的支持，深得民間多人的擁戴。以前他是

單獨的，如今有耶羅米參加改革的行列，從此二人同生共死。耶羅米聰明博學，口才特佳，而胡斯較為穩重堅定。在二人合作之下，宗教改革即迅速展開。上帝以他們所能領受的程度，使適量的真光照耀在他們心中，又將羅馬教的錯謬向他們顯明，逐步引領他們。在每一世紀，上帝相繼興起忠心的工人，使改革之路更進一步。

這時羅馬教繼續分裂，有三個教皇爭奪權位，為達到目的，甚至招兵買馬，準備發動戰爭。他們出賣教會的饋贈、職位和福惠。神父們亦採用賄賂和武力鞏固自己的地位。胡斯對這些罪行深惡痛絕，民眾也公開控訴這些事情。布拉格城因此再度受到教皇的咒詛令，而胡斯只得再迴避到故鄉去，他在伯利恆堂的傳道工作亦就此結束。為清除當時擾亂歐洲全地的禍害，經西基斯孟皇帝示意，在康士坦司召開了一次宗教會議。這會議的主旨在於解決教會分裂的問題和根除異端。

胡斯亦被邀赴會，他雖持有波希米亞王和西基斯孟皇帝所發的護照，卻知道前面即將臨到他的是火刑的危險。他在給友人的信中說：「我深信祂必垂聽你們的誠懇祈禱，將祂的聰明智慧賜給我，使我有口才能抵擋他們……如果必要的話，就是死在酷刑之下也好。」他在沿途看見人們傳播他的教訓，受到各地人民的歡迎和護送。胡斯初到康士坦司時，享有完全的自由，一位教皇還向他提出保護的諾言。但過不久即遭另一位教皇和紅衣主教逮捕，將他囚禁在地窖裡，後來又被關在萊因河對岸的堡壘中。在會議上，他們證實了教皇約翰的各項罪行，所以他被免職，並被囚入獄，與胡斯關在同一牢獄裡。其他兩位教皇亦被大會廢黜，另外選了一個新的教皇。

胡斯被監禁引起了波希米亞人的公憤，貴族們向會議提出抗議，連皇帝也反對此會議對這位改革家所採取的手段。可是敵

人用盡方法和花言巧語，使皇帝對胡斯心生偏見和疑懼。他因疾病和監禁之苦，在獄中患了一場大病，幾乎喪命。後來又被帶到議會去，他依然堅決地指責教廷的腐敗罪行。在最後一次的審訊中，他當著皇帝、王侯、貴族代表、紅衣主教、主教、神父和廣大群眾的面，拒絕否定自己的言論，並責備皇帝背約。罪狀宣判以後，主教們就拿著神父的禮服穿在他身上羞辱他，又將禮服一件一件地從他身上剝下，每剝一件，就咒詛一次。最後給他戴上一頂紙糊的尖帽子，上面畫著妖怪，前面寫著「叛教罪魁」。穿戴完畢之後，主教便對他說：「我們現在將你的靈魂交給魔鬼」，而胡斯則仰首向天說：「主耶穌啊，我將我的靈魂交在你手裡，因為你已經救贖了我。」於是他被送到刑場，後面跟著無數的群眾、官員和神父主教們。及至被綁在火刑柱上時，他仍說：「我請求上帝見證，我所寫的和所講的完全是以搶救生靈脫離罪惡和滅亡為目的，所以我極樂意用自己的血來堅定我所寫作和傳講的真理。」當火焰燃起時，他便開始唱詩，直到歌聲永遠停息為止。

連敵人都被他的勇敢所感動。胡斯的身體燒盡之後，他們將他的骨灰拋入萊因河中，流入海洋。那天在康士坦司所發出的聲音要響至永遠，他殉身所見證的道將永不熄滅，他忠貞的榜樣要鼓勵更多人堅守真理。當耶羅米聽到胡斯被監禁時，立即趕往康士坦司，想要營救胡斯。但他不但幫不上忙，反而也被捕入獄。他們用鎖鍊綁住他，使他受盡監禁的痛苦。過了幾個月，耶羅米病重，幾乎喪命。他的仇敵才減輕一些他的痛苦，此後他繼續被監禁一年之久。議會本定意不用火刑對待他，想用勸服的方法使他放棄信仰。耶羅米在身心俱疲、心灰意冷之下，一時向議會屈服了。他起誓順服羅馬教的信條，並接受議會譴責威克里夫和胡斯之教義的議案，但聲明依然相信他們所傳講的「神聖真理」。

可是當他回到牢獄之後，想起胡斯的勇敢和忠誠，想起救主為他忍受十字架的死，於是下定決心，不再為苟活而否認他的主。不久他又被帶到議會前，他要求為自己的信仰辯護。耶羅米提出清晰而有力的理由，否決了先前的聲明，並為胡斯作見證，他勇敢地說：「威克里夫和胡斯二人所傳講的事實是無可駁斥的，所以我同他們一樣相信，並宣明這些事實。」

主教們大為震怒，他們就把耶羅米匆匆帶回牢獄去。但會場中有一些人想設法營救他，教會的權貴們去探訪他，提出令人心動的條件利誘他服從議會。耶羅米卻堅定不移地說：「你們用聖經的話證明我有錯，我就一定放棄這錯誤。」不久，死刑的判決下來了。當耶羅米走向先前胡斯受刑的刑場時，一路歌唱，仰望著基督，臉上發出喜樂和平安的光彩。最後在火焰燒起來時，他祈禱說：「主，全能的父啊！可憐我，饒恕我的罪吧！主知道我一直是熱愛你的真理的。」於是在默禱中，他被焚為灰燼。他的骨灰也被拋入萊因河裏。

上帝的兩位忠心擎光者就如此犧牲了，可是他們所宣講的真理光輝永遠存在，他們英勇的典範必永垂不朽。胡斯的殉難在波希米亞引起公憤，認為他是因神父的陰毒和皇帝的奸詐而犧牲的。於是胡斯的教訓更被人注意。而威克里夫仍有一些作品未被燒燬，人們從密藏之處取出來與聖經一同研究，引領多人接受了這改正教的信仰。後來西基斯孟的軍隊向波希米亞進攻，準備消滅宗教改革的運動。上帝興起一位名叫席斯加的英明將領，雖然在戰爭開始之後便雙目失明，依然能率領俗稱「胡斯軍」的波希米亞軍隊，屢戰屢勝。席斯加死後，又有勇敢的卜羅可庇，領導波希米亞大軍。此後教皇興起十字軍，發動了三次戰役，進襲波希米亞，結果都是一敗塗地。羅馬教廷既見武力失敗，就改用妥協的方法。表面上讓波希米亞人可以享受宗教自由，但在實際上

這次妥協卻把他們出賣給羅馬教。波希米亞首先提出四個和平的條件：自由宣講聖經；全體信徒有權領受聖餐的杯和餅，並在禮拜時用當地通行的方言；擔任聖職的人不得兼任政治職務；遇有刑事案件，擔任聖職的人應與平民同受法院的裁判。羅馬教廷同意接受胡斯派的四個條件，但聲明解釋條件的權力仍歸議會。雙方根據這四個條件簽訂和約。

　　波希米亞國內對此和約不表贊同，因而引起內亂和分裂，卜羅可庇也在內亂中犧牲。後來西基斯孟皇帝作了波希米亞王，背棄自己先前保護波希米亞人自由權的承諾，認可教皇的權力。他作波希米亞王僅一年，就與世長辭了。此後紛爭和流血事件不斷發生，外國軍隊亦再度入侵波希米亞，忠心的基督徒遭到血腥的逼迫。有一部分信徒在與羅馬教廷簽訂和約時，便信從了謬道。但那些固守真道的人，團結組成一個名叫「弟兄聯盟」的獨立教會。雖受外界咒罵，他們退到山林裡，聚集讀經與敬拜，而且祕密派遣使者到各國去，又與瓦典西信徒取得聯絡。波希米亞的聖徒就如此堅守福音，在大黑暗裡忍耐等候天亮破曉。

【註1】羅1：17

07 徘徊歧路的馬丁路德

上帝的言語句句都是煉淨的，投靠祂的，祂便作他們的盾牌。 (箴30：5)

在一切蒙召引領教會脫離羅馬教而步向純正信仰的先賢中，馬丁路德乃是站在最前列的。他是一位熱誠、殷切、忠實的人。除了上帝以外，他別無畏懼；除了聖經以外，他別無其他信仰的基礎。上帝藉著他，在改革教會和光照世界的事上，成就了偉大的工作。出身窮苦的路德，在德國的平凡鄉民家裡度過童年。他的父親每日在礦坑裡做苦工，一心希望栽培路德成為律師。路德的父母總設法教導兒女認識上帝和實踐基督徒的道德。他時常聽見父親為他祈禱，認真而恆切地訓練兒女過敬虔和有用的生活。路德很早就入學了，但在學校裡屢受虐待挨打。因為家境貧困，一度在上學時必須挨家唱歌討一口飯吃，並且時常挨餓。當時宗教界所流行的錯誤觀念，使他心生恐懼，往往在夜間心情沉重地入睡。他並未認明上帝是一位慈愛的天父，只曉得祂是一個嚴厲無情的審判者。

路德渴慕知識，追求崇高的道德和文化標準，喜愛切實和有用的事務。他十八歲入艾弗大學，父母經過多年的辛勞，存了一點積蓄供給他。他在大學裡，專心研讀最好的文學作品，將最有價值的思想存記於心。他具有清晰的記憶力、活潑的想像力和敏銳的理解力，再加上好學不倦，使他成為思想活潑、通達成熟、

辨識力強的人，為日後的呼召作好準備。路德有敬畏上帝的心，並在上帝面前自我謙卑。在每一天的開始，他總會先作禱告，祈求上天的引領和幫助。

有一天路德在大學的圖書館裏，偶然發現一本拉丁文的聖經。他從來不知道有這樣的書存在，以前在禮拜聚會時，只聽過領會的人朗讀福音書和新約書信中的幾段話。這是他生平首次看到一部完整的聖經，心中百感交集，如獲至寶般的恭敬閱讀。有天使在他身旁，並有天上來的光，向他照明這真理的寶藏，並使他覺悟到自己是一個罪人。由於他誠心掙脫罪擔，在未徵得父親的同意，便進入修道院，打算終身作修道士。他的父親對此大為不悅，雖然兩年之後父子重新和好，但父親仍不贊同他的決定。在修道院中，他必須從事最卑微的苦工，並挨家討飯。他雖不喜歡這些屈辱，但他耐心接受一切，認為這樣作能減輕自己的罪。每日工作之後所剩餘的光陰，他都用來研讀聖經，甚至廢寢忘食。當時修道院的聖經是用鍊子鎖在牆上，他時常到那裡閱讀。當他深感罪惡沉重時，常設法靠自己的行為求赦免與平安，企圖藉著禁食、夜半的祈禱和肉體上的鞭傷來抑制罪惡的本性。日後在回憶中，他說：「那時我的確是一個虔誠的修道士，我曾嚴格地遵守所屬宗派的規則。如果一個修道士真可以靠自己的行為進入天國的話，那麼我必定是可以進去的了。」這種刻苦的鍛鍊使他體力衰弱，甚至時常暈倒。即使他如此努力苦修，痛苦的心靈始終得不到平安。

在路德倍感絕望之際，上帝興起虔誠的朋友斯道庇茲勸他不要只看自己和違法的刑罰，乃要仰望赦免罪人的救主耶穌。「你要愛那先愛你的主。」他的話在路德心中留下深刻的印象，幾經掙扎之後，終能掌握真理得平安。路德被封為神父，後來離開修道院，到威丁堡大學擔任教授。在大學裡，他專心研究原文聖

經，並開始講授聖經。也依從朋友與師長的勸說，到禮拜堂裡去講道。有上帝的恩典在他身上，他的口才令真理更為有力，使眾人感悟而信服。

這時路德仍是忠實的羅馬教信徒。上帝安排他得到一次往羅馬城的旅行機會，他是徒步前往的，沿途寄宿在各地的修道院。其中義大利的一間修道院富裕奢侈的現象使他非常驚訝。那裡的修道士享有豐富的收入，住在壯麗的宅第中，過著錦衣玉食的生活。與自己的艱苦相比，讓他心中甚感困惑。最後進羅馬城，拜訪了各處的教堂。他看到各等級的僧侶中普遍存在的罪惡，甚至在彌撒祭時聽到他們說可怕褻瀆的話，令他憎厭不已。教皇頒佈諭旨，讓雙膝下跪攀登「彼拉多臺階」的人，都能得赦罪。據說這是從前基督離開羅馬巡撫審判廳所走過的臺階，後來從耶路撒冷運到羅馬來。有一天路德正虔誠地攀登這臺階時，忽然有一雷霆般的聲音對他說：「義人必因信得生。」註1他立即站起來，羞愧而惶恐地走下來。從那時起，他清楚地看到自己不能靠行為得救，乃要信靠基督。他看透了羅馬教的虛偽，並決心不再盲目隨從。

路德從羅馬回來之後，在威丁堡大學得到神學博士的學位。這時他已起誓終身研究並傳講上帝的話，不再宣揚教皇的言論和教訓。他已經不是一個普通的修道士或大學教授，而是正式被任命為講解聖經、牧養羊群的牧人。他以聖經的權威為基礎，無畏地攻擊否定上帝的空洞神學，並將救主大愛、靠主寶血得赦免及平安的福音傳給眾人，使他們心裡充滿喜樂和永生的盼望。

可是光明與黑暗是不能妥協的，真理與邪道之間的衝突亦是無可避免的。羅馬教會假興建羅馬城聖彼得教堂的名義，公開販賣贖罪券。這件事引起諸方的不滿，結果還爆發了一次戰爭，危及教皇的寶座，甚至幾乎掀掉他的三重冠冕。奉命到德國販賣

贖罪券的帖慈爾，是個厚顏無恥的騙子，以謊言迷惑幼稚的民眾。每到一個城鎮，他就登上講台，大事宣傳贖罪券的神奇赦罪功能，不但能救活著的人，也能使死人的靈魂從地獄升到天堂。人們還可購買贖罪券，預赦將來所犯的一切罪，「連悔改也是不必要的。」此種做法令羅馬教內有學問的人深感不安，有許多人不相信這種虛謊。路德雖是一個極嚴格的羅馬教徒，卻對此舉震驚不已。在他的教堂裡有許多教徒都購買了贖罪券，但路德不肯宣佈豁免他們的罪。於是這些人回到帖慈爾那裡向他訴苦或要求他退錢。帖慈爾甚為惱怒，吩咐在各十字路口點起煙火，宣布他「奉教皇的命令，要將反對贖罪券的人活活燒死。」

此時路德挺身而出，勸人不可靠自己的行為減輕罪愆，並告訴眾人基督的恩典是不能用銀錢購買的，它乃是白白給人的恩賜。在「萬聖節」屆臨前一天，路德將寫好的反對贖罪券之九十五條條文釘在教堂的門上，同時聲明願意次日在威丁堡大學進行辯論。這些條文引起了普遍的關注和議論，因它明示上帝從未將赦罪之權柄交給教皇或任何人。而基督的福音是白白賜予那些相信和悔改之人。路德歡迎人來進行討論，但無人敢應戰。在數日裡，這些條文已經傳遍德國，在數星期內，則傳遍了基督教界，廣得人心。但這事也遭到僧侶們不實的控訴，說他是冒昧行事、僭越自恃。原本路德以為教會和教育界的領袖必欣然支持他，但卻變成責難與反對。在灰心之餘，他只能仰望上帝，全心依靠祂，並單單拿聖經與仇敵們辯論。

路德的言論和著作在德國發出亮光，喚醒並光照許多人。百姓對羅馬教逐漸失去信心，他用來試驗的信條和上帝的聖言，像一把兩刃的利劍刺入人心。當教皇宣判路德為叛教徒時，上帝差派一位名叫梅蘭克吞的人，到威丁堡成為路德的得力助手。這人除了博學多才之外，性情溫和，為人正直，行事審慎，正好可輔

佐路德的勇敢和魄力。他們二人的合作為宗教改革運動增添不少動力，也給路德極大的鼓勵。

教會當局命令路德前往羅馬為叛教的罪作交代，朋友們知道其中的危險，便要求讓他在德國受審。這要求獲准，審問路德的地方定在奧斯堡。路德不畏艱辛和危險，步行到那裡去。羅馬教廷先用柔和的手段與路德會談，希望能使他屈服。但路德以聖經為根據，堅決不放棄真理。在第二次會談中，路德引證經文和用教會的規條將教廷的使臣駁倒。最後使臣發怒的說：「悔改！否則我把你送到羅馬去受處分。」路德的朋友們認為路德應立即返回威丁堡去，於是在次日天未破曉之前，祕密派一個嚮導帶路德騎馬離開奧斯堡。

使臣得知路德已經逃走，十分惱怒，於是寫信給撒克遜選侯腓特烈，要求他把路德送往羅馬或將他驅逐出境。但腓特烈並不同意如此作，因他看出路德的改革對社會有良好的影響。自從路德在威丁堡的教堂門上張貼九十五條條文以來，在「萬聖節」來朝拜的人大為減少，但到該地大學求學的人數卻大為增加。路德的作品和道理傳到基督教世界的每一個國家，包括瑞士、荷蘭、法國、西班牙、英國、比利時和義大利，成千的人醒悟過來，接受這喜樂的信仰和指望。

羅馬教廷堅決要除滅路德，但有上帝作他的保障，在各處都有高貴的人士支持他。約在此時，路德讀到胡斯的一些作品，發現自己所倡導的因信稱義道理也是胡斯所持守的，於是驚歎道：「保羅、奧古斯汀和我本人在無意之中都作了胡斯派的人！」當時他寫了一封信給德國的皇帝和諸侯，提到教皇的鋪張奢侈絕不能代表謙卑的耶穌，又寫道：「我深恐各地的大學若不殷勤努力解釋聖經，並把上帝的真理銘刻在青年人的心上，這些機關就要變成地獄的門戶了。」這個勸告很快就傳遍德國，使全國都振奮

起來，有許多人起來擁護宗教改革運動。然而，羅馬教廷限令路德和同伴們在六十天內悔改，否則就開除其教籍。可是路德一點也沒有動搖，他寫道：「將來要發生什麼事，我不知道，也不必知道。……我們若與祂同死，也必與祂同活，……並且要永遠與祂同在。」

羅馬教廷已經把她的咒詛堆在路德頭上，但他卻毫不畏懼地反抗到底，並公開宣佈他脫離羅馬教的決心。他當眾將教皇的敕令、教會的法規和擁護教皇的著作，一概丟到火裡焚燒。他又充滿掙扎的寫道：「我每天深覺要擺脫童年時期所養成的偏見是多麼困難。唉，我雖然有聖經支持著我，但我每想到獨自反抗教皇，並且必須提出充足的理由說明他是敵基督者，我是受了多大的痛苦啊！」後來教皇下令將他逐出羅馬教會，並聲明他是上天所咒詛的，凡接受路德教訓的人都列在同樣的咒詛之下。一場大爭戰就正式開始了。

凡上帝用來傳講警告的人，都要遭到反對。在路德時代如此，在現今世代亦如此。上帝將所揀選的人放在不同的際遇之中，將合適的任務交付他們。如果人們能重視上帝所賜予的亮光，必有更深奧的真理啟示給他們。可惜今日大多數人不比那些反對路德的羅馬教徒更歡迎真理，人還是選擇接受人的理論勝過上帝的話。真理與謬論，基督與撒但之間的戰爭要愈演愈烈，直到這世界歷史的末了。邪靈與基督的靈永遠是對立的，反對真理的方式或許會改變，但那同樣的仇恨終必顯露出來，直到末時。

【註1】羅1：17

08 真理的戰士

**我們四面受敵，卻不被困住；心裏作難，卻不至失
望；遭逼迫，卻不被丟棄；打倒了，卻不至死亡。身
上常帶著耶穌的死，使耶穌的生也顯明在我們身上。**

（林後4：8、10）

　　德國新皇查理五世即位，羅馬的使臣不但前來道賀，並勸
誘皇帝鎮壓宗教改革運動。另外又有撒克遜選侯因助查理登上皇
位有功，他請求皇帝在未審問路德之前，不要採取任何干涉的行
動。德皇因此感到左右為難，於是即位不久就決定在俄姆斯召開
會議，討論重大的政治問題，以及會見諸侯們。羅馬教和政府的
重要官員，聯同外國的使節們，從各地前來聚集。眾人最關注的
還是這位宗教改革家的問題。

　　查理皇帝曾預先指示撒克遜選侯把路德帶來赴會，並保證他
的安全，准許他和有資格的人士進行自由討論。當時路德的健康
欠佳，但他仍答應赴會。在給選侯的信中路德寫道：「皇帝既已
召我，我深信這就是上帝的呼召。倘若他們要用武力對付我……
我只有把這件事交託在主的手中。……我們務必為福音流出熱
血，以免惡人得勝。……你要我做什麼都可以。……不過要我逃
走或悔改是不可能的。」路德將出席會議的消息傳開之後，引起
了普遍的興奮。教皇的使節亞利安德看出這事將對教皇不利，便

向皇帝提出抗議，反對路德到俄姆斯來。這時教皇開除路德教籍的通令已經公佈，加上教皇使節的反對，皇帝便屈服了。他寫信給撒克遜選侯說，路德若不悔改，就必須留在威丁堡。

亞利安德更進一步地控訴路德犯了「煽亂、叛教、不敬虔和褻瀆的罪。」皇帝同意讓他向議會陳述意見，他便以學識和口才去推翻真理。他提出一連串的罪狀，控訴路德為教會、國家和人民的公敵，並要徹底剷除這個異端。他的演說給人留下深刻的印象。當時路德不在場，亦無人為路德作辯護。就連撒克遜選侯亦沒有出席，只派了幾個議員記錄這場演說。但在議會中有許多人看出教會的腐敗，希望制止種種弊端。因此有一位撒克遜的公爵喬治在大會上站起來，列舉出教皇的各種欺詐與可憎的事，並呼籲大家進行改革。會議決定立刻指派一個委員會，將教廷對德國人民的壓迫一一列出。結果有一百零一條弊端呈給皇帝，並請求他立即採取糾正的措施。

這時會議要求准許路德出席。雖然亞利安德一再抗議和威脅，皇帝還是傳令叫路德出席會議，並發出護照確保他的安全。皇帝差派傳令官，將路德帶到俄姆斯來。陪同他前去的還有三位好友。梅蘭克吞本也要同行，但路德要他留下來，萬一路德回不來，他可接替改革的工作。他們在旅途中，並沒有受到太多的款待。皇帝的使臣宣佈通令，規定人民把路德的著作交給官府。但路德仍繼續前進。在艾福市，路德受到歡迎。他曾在這裡的修道院當「托缽僧」，沿街乞食。他們請路德講道，在傳令官准許之下，路德登上講壇，向擁擠的會眾宣講因信稱義的道理，而且說明真正的信仰，必須藉著聖潔的生活彰顯出來。他在眾人面前只高舉基督，超過自己、教皇或任何人之上。當他繼續前行時，到處都有熱心的群眾要他注意教廷的陰謀。

他一到俄姆斯，就有大批群眾在城門口歡迎他。當時群眾的

情緒極為高昂，甚至有人唱送葬的哀歌警告路德前面的危險。但路德鎮定地說：「上帝必要作我的保障。」有一個主教建議皇帝立即除滅他，但皇帝認為必須遵守承諾，讓他在會議中受審。全城的人都想見這位特別的改革家，在他的住所擠滿了拜訪的人。不論是敵是友，路德都接待他們，並用智慧的言語回答眾人。他的話嚴肅而誠懇，帶著從天而來的能力，使人無法抗拒。次日，路德被傳去參加會議，沿途夾道都擠滿了觀眾。在路旁有一位身經百戰的年老將官鼓勵他：「你儘管奉上帝的名前進，什麼也不要懼怕！上帝絕不會丟棄你。」

其實路德的出席大會，已經顯出教皇的失勢。既然教皇早已定他的罪，禁止他開口講道，如今他卻能在成千的聽眾面前發表演講，可見路德的工作已經發動了一場偉大的革命。在大會上，路德被帶到指定的位置，面對著皇帝的寶座。隨後皇帝的大臣手指著一堆路德的著作，要他答覆兩個問題：(一)是否承認這些著作是他寫的，(二)是否打算撤回他在著作中所發表的意見。路德回答承認寫這些著作，但要求給他充足的時間思考如何答覆第二個問題。他提出這個請求，乃是明智之舉，從其中可表現出他行事不出於情感的衝動，而是十分慎重和自制的。

第二天，當他準備陳述答覆之前，曾一度為心中的痛苦所勝，仆倒在地。他感覺到自己的力量不足以應付這危機，又惟恐讓真理受損。於是在他極軟弱無力的時候，他憑信心緊緊的抓住基督，只求基督與他同在。如此就得到了力量，心中重獲平安，為高舉上帝的道感到興奮。當他再進大會時，便以鎮靜溫和、謙恭有禮的聲調作答覆。他說到自己所出版的書籍種類有別，有些是論到信心和善行，大家一致公認這些書是有益無害的。如果撤消這些書，就等於推翻眾人所公認的真理。第二類書籍包括的是揭露羅馬教的腐敗和弊端之著作，撤回這些書，就等於支持羅馬教廷的暴行，開啟

更大的罪惡門戶。第三類書籍是攻擊那些袒護罪惡的個別分子，路德坦承是有過於激烈之處，但這些書籍也不能撤回，因如此作，會使真理的敵人更有機會大肆壓迫上帝的百姓。他又說：「我不過是一個人，而不是上帝；……若是我說錯了，你們可以指出我的錯誤來。……要根據先知和使徒的著作證明我的錯誤。……我就必立刻撤回我所說的每一個錯誤，並願將我的書丟在火裏。」這段話用德語說完，路德再用拉丁語重講一遍。

大會的代言人要他清楚明確的回答究竟撤不撤回他的理論，路德回答說：「除非藉著聖經的明證或清晰的推理使我信服，除非根據我所引證的經文使我滿意，除非使我的良心受到聖經的約束，我就不能、也不願撤回這些著作，因為一個基督徒違背自己的良心是不妥當的。」會場一時鴉雀無聲，羅馬教廷已被打敗了。他們指示路德退出會場，再次商議如何應付這危機。最後決定再給他一個撤回的機會，仍遭路德拒絕。無論是利誘或威脅，他都不屈服。教廷的領袖們就惱羞成怒，想用苦刑把他折磨至死。但有上帝的靈臨格在大會之中，有幾位諸侯大膽承認路德的改革運動是正義的。這次羅馬教廷的失敗，其影響將要波及各世代和世界各國。當教皇的使節看到路德演說的影響時，決意要用一切辦法來除去這位改革家。他使盡了外交手腕和口才，讓年輕的皇帝知道，為了一個無名的修道士而犧牲羅馬教廷的友誼和支持，乃是愚蠢及危險的。

果然在第二天，查理皇帝便頒佈諭旨給議會，宣佈執行前位皇帝的政策，維持並保護羅馬教。他下令路德回去，禁止他在民間進行任何擾亂，並把他和擁護者逐出教會，停止活動。但是皇帝還是尊重發給路德的護照，讓他先平安到家，然後再採取制裁他的措施。這時皇帝已拿定主意，要像其祖先一樣拒絕亮光。現代有許多人亦如此墨守祖宗的遺傳和習慣，當主賜下新的亮光

時，就　概拒絕。殊不知我們的責任比祖先更大，我們固然要遵循他們所留傳的亮光，更要接受上帝所照在我們身上的新亮光。正如那驕傲的亞基帕王對保羅說：「你這樣勸我，幾乎叫我作基督徒了。」[註1]查理五世亦同樣地拒絕真理的光。

迫害路德的消息一傳開，隨而引起全城的騷動。許多朋友和貴族們都起來支持他，也有不少人公然抨擊皇帝對羅馬教廷的懦弱屈服。在公共場所和私人住宅的門上，張貼了攻擊或支持路德的標語。全國群眾擁護路德的熱潮十分高漲，連皇帝和教廷都感覺到這股壓力。雖然有人力勸路德和羅馬教廷妥協，但路德一再表示寧可犧牲性命，也不違背良心，而他的良心完全受聖經的約束。他願意接受大會的決議，但大會必須按照聖經作判決。倘若路德稍作退讓，撒但就必得勝。由於他的堅定不移，教會終於獲得釋放，得以進入一個新的時代。路德不但影響當時的教會和世界，也影響以後的每一個時代，他的忠心和堅強將要激勵每一個遭遇同樣經歷的人，直到末時。

當路德離開俄姆斯的時候，心裡充滿喜樂和讚美。動身以後，他又上奏皇帝表示自己是盡忠皇帝的，「但在有關永恒利害的問題上，上帝的旨意不是要人服從人。」當歸途中路德受到更熱烈的歡迎，並被邀上台講道。皇帝下了一道諭旨，在路德護照期滿，要立即制止他的活動。所有人民不准包庇、供給他飲食或給予任何公開和私下的協助。同時通令全國可就地逮捕路德，送交官府，並焚燬他的著作。凡跟從他者，予以監禁和沒收財產的處分。當時撒克遜選侯和其他支持路德的諸侯亦已紛紛離開俄姆斯。因此這道諭旨就在議會中通過了。

在這危急之際，上帝為他預備了出路。撒克遜選侯腓特烈想出一個保全路德性命的計畫，在幾位忠實朋友的協助下，把路德帶到偏僻的瓦特堡山寨上隱藏起來。他隱藏的地點甚至連選侯也

不知道。經過了春夏秋冬，路德的敵人以為這福音的真光即將熄滅。但相反地，改革之光輝要更明亮地照射出來。路德在瓦特堡安全又孤寂的生活中，每天埋頭於寫作。敵人雖然封住他的口，但從他筆桿下所寫的大批宗教冊子傳遍了德國全境。他還完成了一項極重要的工作，就是將聖經中的新約譯成德文給他的同胞。他如此繼續宣揚福音，斥責當代的罪惡和謬道，將近一年之久。

上帝使祂的僕人退隱，不僅為要保護他脫離仇敵的忿怒，給他安靜的時間去完成重要的工作，亦是要讓他擺脫因成功而產生的驕傲和自恃。在失去屬世的支持和遠離人間的稱讚時，懷著痛苦和謙卑的心去從事更大的任務。撒但經常使人的思想與感情轉離上帝而注意人，引誘我們去尊崇那些作上帝器皿的人。宗教領袖們受到讚美和敬重，往往會忘記依靠上帝，而漸漸步入自恃自滿中，想憑自己去控制群眾的思想和良心。上帝要保護宗教改革運動脫離這種危險，讓這個運動不受人的影響，只受祂的引領。眾人都專注路德，所以上帝將他隱藏起來，使人們的視線可以轉移到永生真理的創始者身上。

【註1】徒26：28（新標點和合本）

09 瑞士的改革運動

知道公義，將我訓誨存在心中的民，要聽我言；不要怕人的辱罵，也不要因人的毀謗驚惶。（賽51：7）

上帝揀選了平凡的人成為宗教改革的領導者，正如昔日基督呼召加利利的漁夫作祂的門徒一樣，他們比一般人少有驕傲自恃，也少受當時的謬道迷惑。上帝的計畫是要用卑微的器皿成就偉大的工作，使榮耀不會歸於世人，只能歸於上帝。路德誕生在撒克遜礦工的小屋中數週之後，薩文黎亦在阿爾卑斯山中一個牧人的茅舍中出世。他在那巍峨雄偉的山中長大成人，心中早已體會到上帝的偉大和威權，又在虔誠的祖母膝前聽到寶貴的聖經故事，引起熱切的興趣及立下青年壯志。

薩文黎的父親像路德的父親一樣，關心兒子的教育，自幼就讓他離開山中出外求學。他聰穎過人，十三歲便到百倫城瑞士最著名的學校中求學。百倫城多密尼克教團的僧侶，看出這位青年學子的多才多藝，年紀輕輕的就能演講、寫作、並有音樂和詩歌的才華。他們設法以欺騙和諂媚的手段引誘他進入修道院。所幸他的父親識破僧侶的計謀，便吩咐他立時返家。薩文黎遵從了父親的命令，後來又到巴塞爾繼續學業。他在這裡初次聽到上帝白白賜救恩給人的福音，從一個研究古代方言的教授威丁伯那裡，聽到以基督的死作為罪人唯一贖價的真理，為薩文黎帶來了第一線曙光。

不久，薩文黎被召到離故鄉不遠的阿爾卑斯山教區裏從事第一項傳道工作。他既被封為神父，就埋頭鑽研神聖的真理。他越查考聖經，就越看出聖經真理與羅馬教謬論之間的明顯區別。他以學習聖經中的教訓為自己的本分，並祈求聖靈的幫助，向他啟示聖經中的奧祕。他說：「聖經是從上帝來的，並不是從人而來，……它是光明的，……用一切救恩光照人心，使人在上帝裏面得安慰，使人謙卑，以致放棄自己而歸依上帝。」他認為必須將哲學和神學放在一邊，單以上帝的話尋求啟示。薩文黎所傳的道不是從路德那裏領受的，而是基督的道。他們二人從未互相連絡，卻能教導同一真道。

公元一五一六年，薩文黎被邀作愛因西敦修道院的傳道士，在那裡更清楚地看到羅馬教的腐敗情形。他注意到修道院中有一個童女馬利亞的神像，據說它有行神蹟的能力，並在修道院的大門上刻著：「此地可得完全赦罪之恩。」經常有多人前來參拜這神像，每逢一年一度的大節期時，不單從瑞士各地，甚至從法國和德國也有許多人來此朝拜。薩文黎利用機會向這些人宣傳藉福音而得來的自由，他說：「莫想上帝住在聖殿中的時候比住在別處多。你無論住在哪裡，上帝就在你周圍，並聽你的禱告。……那些無益的行為，例如：長途跋涉的朝聖、捐獻、製作神像、向童女或先賢禱告，就能使你獲得上帝的恩典嗎？……我們重複的禱告有什麼益處呢？……上帝是鑒察人心的。我們的心離祂太遠了。」有些人難以接受這番話，在他們看來，把得救與否交託給神父和教皇，比自己追求心靈的純潔容易得多。但另有一等人，則歡喜領受靠基督受救贖得的福音。他們回去之後，便將所領受的真光傳給別人。於是真理逐漸傳開，前去朝拜童女神像的人便大為減少，捐款的數目也降低了。雖然薩文黎的薪水也受到影響，但他樂見狂熱和迷信的勢力受到打擊。

　　教會當局並未出面干涉薩文黎的工作,因為還想爭取他贊助他們的工作。他在愛因西敦工作了三年之後,就奉召到沮利克的一個大教堂去擔任傳道士。沮利克乃瑞士聯邦的主要城市,在這裏所發出的影響能普及遠近各地。他們要薩文黎努力籌募經費,勸勉教友繳納什一和捐獻,要從病人身上、或舉行彌撒及其他禮節上增加收入,不可一視同仁地隨便給人執行聖禮。但薩文黎卻明白的說:「基督的生活被埋沒太久了。我打算宣講全部馬太福音,……單從聖經中尋求本源,以經文與經文互相對照,並恆切禱告,祈求明白聖經的知識。」教會的神父們不贊成他的計畫,但薩文黎堅定不移。他所教導的真理引起多人的關注,民眾蜂擁而來聽他講道。他以宣講福音書入手,宣揚基督的生平、教訓和犧牲。聚集在此的人有政治家、學者、工人、和平民,都以極大的興趣聽他講道。過了一些時日,僧侶決意攔阻他的工作,許多人出來攻擊他,甚至用恫嚇的手段對付他。

　　約在此時,巴塞爾有一個贊助宗教改革的人,差遣一個名叫琉善的朋友,帶來一些路德的作品,並認為推銷這些書籍乃是散播真理的好方法。真光就如此照耀在瑞士各地。當人們傳揚藉著基督寶血得赦免和稱義時,羅馬教則致力於販賣贖罪券。他們為每一樣罪都定出價格,只要付錢便可自由犯罪。因此有兩種運動在推行著;一種是叫人用金銀購買救恩,另一種是叫人靠基督得蒙赦免。在德國由多明我教團的僧侶帖慈爾負責經營販賣贖罪券的工作。在瑞士則交給法蘭西斯教團的義大利僧人撒母孫管理。撒母孫從德國和瑞士收集了大筆金錢充實教皇的財庫,但當他到愛因西敦鄰近的城鎮時,遭到薩文黎的反對而不得不轉向別處去。薩文黎也在沮利克極力反對售賣贖罪券的商人,因此撒母孫沒有賣出一張贖罪券就離開了。

　　一五一九年,瑞士爆發了「黑死病」的瘟疫。薩文黎亦染上

此病，幾乎喪命。但在病危的時候，仍憑信心仰望救主。當他從「死亡之門」脫險後，便以更大的熱誠傳揚福音。薩文黎經過瀕死而復生之經歷，更充分地體驗到福音更新的能力，他說：「無論何處，只要有人相信上帝，就有上帝臨格；無論何處，只要有上帝與人同在，就有一種鼓勵人行善的熱誠存在。」他的講道使沮利克的大教堂擠滿了聽眾，他以聽眾的程度逐步闡明真理，讓基督的愛融入他們的心，當人們領受福音後，迷信的成見和行為就會自然消除。

改革的工作在沮利克逐步推進，仇敵也警覺到他們抵抗教皇威權的舉動。在羅馬教的行政區內，有一些福音信徒被處火刑。康士坦司的主教派遣三位代表到沮利克的議會上，控告薩文黎教導百姓違反教會的規則，危害社會的安寧和秩序。薩文黎在回答中指出自己已在沮利克宣道四年之久，沮利克卻是瑞士聯邦諸城中最安靜和平的地方。主教的代表們要議員們相信除了教會之外，別無拯救。但薩文黎回答說：「教會的根基就是那磐石基督，……凡是全心相信主耶穌的人都必蒙上帝悅納。這才是真教會，除此以外，無人可以得救。」聽完這一番話後，竟有一位主教的代表接受了宗教改革的信仰。

沮利克的議會不肯採納反對薩文黎的措施，僧侶們的努力反而推進了他們想要制止的工作，使那些因路德失蹤而沮喪的德國信徒，看到福音在瑞士的進展而重得鼓舞。改革運動在地方上明顯地抑制罪惡，建立秩序，改良治安，促進和諧。羅馬教見此就計畫與薩文黎舉行一次辯論會，事先選好地點，也請好了自己的裁判員，以求穩操勝券。只要薩文黎落入他們手中，就決不放過他，藉此瓦解宗教改革的運動。辯論會指定在巴登舉行，但沮利克的議會不讓他們的牧師身陷危險之中，所以薩文黎沒有出席。他們選派愛克蘭帕底和哈勒為代表與羅馬教的艾克博士及學者們

辯論。薩文黎雖不在場，卻有一位參加巴登辯論會的學生偷偷將辯論的內容記錄下來，由另兩位學生將記錄和愛克蘭帕底的信，每天送給在沮利克的薩文黎。他連夜回信，提出他的見解，再由學生假扮商販，頭上頂著裝滿雞鴨的筐子帶進巴登。

羅馬教的代表每日身穿華服、趾高氣昂地登上講台，在找不到有力的論據時，還厚顏濫用侮辱和咒罵的手段。愛克蘭帕底卻用溫和謙虛的態度聲明凡事以聖經為根據，他穩健而清楚的答辯，打動了眾人的心。辯論延續了十八天之久，最後由於大多數出席的代表偏袒羅馬教，宣佈宗教改革家被駁倒，並開除薩文黎的教籍。但這次辯論卻振興了改正教的工作，不久之後，百倫和巴登都成為擁護宗教改革的城市。

10 改革運動的進展

你的言語一解開，就發出亮光，使愚人通達。求你用你的話，使我腳步穩當，不許什麼罪孽轄制我。（詩 119：130、133）

　　路德神祕的失蹤在德國引起各種揣測，到處都有人詢問他的下落。有人謠傳他已被人謀殺，許多人為他悲傷，並誓言要為他復仇。羅馬教的領袖看到民眾的情緒如此沸騰，就甚為恐慌。教皇使節看到德國人對制裁路德的諭旨遠不如對路德的命運關心，就不禁忿怒如狂。

　　及至消息傳來說路德仍安然無恙的被囚，民眾的心才鎮定下來。這消息引發他們更加擁護他，眾人以空前未有的熱誠閱讀他的作品。因此參加改革運動的人越來越多，改革運動逐漸加強，路德所撒的種子亦在各地萌芽生長。他的失蹤反而成就了先前他未能成就的工作。這位偉大的領袖既然不在，其他的工作人員覺得自己有責任去推動這工作，便以新的信心和勇氣向前邁進。

　　撒但也毫不懈怠，此時他興起假先知，以欺騙的手段毀滅世人。有幾個人聲稱自己受了上天特別的啟示，要完成路德所開始的改革運動。但他們教導人離開上帝的話，以自己的思想和情緒控制世人。這些假先知中，有一人聲稱自己受了天使加百列的指示，竟對一個與他同工的學生說上帝已賜給他解釋聖經的智慧，而要他放棄學業。還有一些狂熱派分子與他們聯合起來，引

起不少的騷亂。他們到了威丁堡，就向梅蘭克呑和其他同工們陳述說：「我們是奉上帝差遣來教導百姓的。我們與主有親密的交往，知道將來必要發生什麼事。總而言之，我們是使徒和先知，現在來請求路德教授的贊助。」

這些改革家一時也不知如何應付，一方面不可銷滅聖靈的感動，另一方面又要謹防撒但的靈滲入。但不久這種新教訓的果實就顯露出來了。他們引領人疏忽聖經，甚至把聖經完全丟在一邊。各地學校都陷在混亂之中，學生放棄學業，退出大學，使改革運動瀕於潰敗邊緣。路德在瓦特堡聽見這些事，看出那威脅著真理的危險，造成了教會的混亂。這時改革運動的中心——威丁堡也陷入這種困境中，而且仇敵將這亂象歸罪於路德身上，所以他決意回威丁堡去。雖然國家對他的制裁令尚在執行中，他卻不顧一切地出去為真理作戰。

他在給選侯的信中說：「聖工必須單靠上帝行事，而不能靠人的支援或贊助。具有最大信心的人，乃是最能保護別人的人。」他又說：「我們必須用上帝的話語，來推翻並破壞那用暴力所樹立起來的事業。……我們不可勉強任何人，自由乃是信仰的要素。」路德回到威丁堡開始講道時，全城都轟動起來。民眾從各方蜂擁而來，擠滿了教堂內的每一地方。路德以智慧與溫和的言語勸勉人，他主張以福音的晚餐代替彌撒，但不贊成用武力來解決這問題。他說：「我們有宣講的權利，而沒有權利去行動。……上帝單用祂的話所能成就的，比你我以及全世界聯合起來的力量所能成就的還多。上帝能掌握到人的心，既得了人心，就得到一切了。」

路德如此日復一日地向聽眾講道一週之久，上帝的話和福音的大能引領那些陷於錯謬之中的人，回到真理的路上。路德原本無意與那些狂熱派分子見面，但當他們求見他時，他便同意與他們

會晤。結果路德揭露他們的真面目，致使他們離開了威丁堡。狂熱派的工作暫時受到遏制，但過了幾年又再爆發，而且勢力比以前更大，結果更可怕。其中最活躍的分子多馬閔薩是一個有本領的人，他有改革世界的願望，並有爭奪權勢的野心，所以不願屈居於路德之下。他聲稱改革家只用聖經的權威代替教皇的權威，並不能代表真正的改革。他又自稱得了上帝的授命從事宗教改革，他說：「縱使一生沒有見過聖經，凡具有這靈的人就具有真信仰了。」這班人完全受自己感動所支配，認為每一思想和感觸都是上帝的聲音，甚至有人把聖經焚燒了。閔薩的言論引起了人們的好奇，他的道理竟為千萬人所接受，不久他又反對一切公眾禮拜的秩序，主張人不必順從王侯的命令。於是他們掙脫所有的約束，恣意放任自己的偏見和情感，讓可怕的流血叛亂相繼發生。

羅馬教派的王侯將叛亂完全歸罪於路德所講的道理，並誣蔑他為騙子，使路德處於眾人仇恨的夾攻之下。至於狂熱之徒又詭稱自己遭虐待，博取多人的同情。撒但的爪牙被視為殉道烈士，上帝忠心的僕人卻陷入羞辱和責難中。偽裝的聖潔，假冒的虔誠，今日仍流行著。撒但最有效的詭計就是使人轉離聖經，隨心所欲，而不順從上帝的律法。唯理主義者以理智為上帝，羅馬教以教皇為上帝，而閔薩派則以自己的「靈感」為上帝。真正的基督教，必以聖經為信仰的標準，而路德始終以上帝的話抵擋一切攻擊。

從瓦特堡回來之後，路德完成了翻譯新約的工作，使德國人民讀到本國語文的福音。羅馬教用盡權威來阻止聖經的暢行，然而諭旨、咒詛令、酷刑都無效。凡識字的人都熱心地親自研究上帝的話，他們隨身攜帶聖經，讀了又讀，直到能背誦為止。路德見此就立時開始翻譯舊約，每譯完一卷就立即印行。路德的作品到處都受到歡迎，有一些修道士在覺悟後，到各省各鄉鎮去推銷

路德著作的書籍。

　　研究聖經能改變人的心靈和理智，上帝的話不但能潔淨並提高人的屬靈品質，而且能開啟人的智力。那些擁護教皇的人，多數都忽略語言的研究和文學的修養。但接受福音的青年信徒們，專心查考聖經，又熟讀古典名著，以致在任何場合均能駁倒膚淺的羅馬教學者。當羅馬教的神父們看到會眾逐漸減少時，就請求官府的援助，企圖使聽眾回來。但眾人已找到那能滿足心靈的糧食，便不再轉回到迷信的禮節和人為的規條中了。當真理受到逼迫時，他們就遵行基督的話，逃到別處去，於是真光就照耀到各方各城。這些逃亡者無論身在何處，只要有聽眾的地方，就在那裡宣講基督。

　　教廷和官府想藉由監禁、酷刑、火柱、刀劍來鎮壓「異端」，結果皆是枉然。千萬的信徒以鮮血印證他們的信仰，而改革仍邁步前進。撒但欲以狂熱派混淆真理，反而使真理更為傳開。

11 諸侯的抗議

求你叫真理的話，總不離開我口，因我仰望你的典章。我也要在君王面前，論說你的法度，並不至於羞愧。（詩119：43、46）

一五二九年，信從基督的德國諸侯在斯拜耳茲提出的抗議，成為改革運動的一個偉大見證。因為他們所持有的信心和勇敢，為後代爭取了思想和良心的自由，也使改革的教會得到「改正教」的名稱。原本俄姆斯的敕令禁止人傳講或相信路德的道理，但德國人仍可享有宗教自由。查理五世本來一心想要粉碎改革運動，但每當他舉手攻擊時，不是有土耳其的軍隊出現，就是法國的國王或教皇與他作對。於是在列國的紛擾之中，改革運動獲得日益擴展。

在一五二六年所召開的斯拜耳茲會議上曾通過完全的宗教自由，直到下屆全體大會為止。但查理皇帝卻在一五二九年召開第二次會議，目的是要鎮壓「異端」。他想以和平的手段勸誘諸侯幫忙鎮壓改革運動，倘若不成才準備採用武力。羅馬教差派了許多代表參加這會議。雖然被禁止講道，當新教派的諸侯抵達斯拜耳茲時，成千的居民依然不顧禁令，蜂擁到撒克遜選侯的會堂裏參加聚會。查理皇帝向議會發佈廢除宗教自由的命令，使信徒們極為憤慨、恐慌。宗教自由既是依法通過的，信從福音的各邦就決定要反抗這命令。這時路德仍處於俄姆斯議會的禁令之下，所

以不能出席這次的議會。但上帝興起一些諸侯代他為聖工辯護。從前保護路德的撒克遜選侯腓特烈已死，他的兄弟約翰公爵欣然接受改革運動，並勇敢堅毅地支持這信仰。

在會議上，神父們要求那些接受改革運動的各邦絕對服從羅馬教的權威，而宗教改革派則堅持以前所通過的宗教自由議案，不願受羅馬教的支配。最後議會提出一個折衷的方案：在改革運動未推進之處，嚴格執行俄姆斯所通過的禁令；而在那些不遵守禁令的地方，必須限制他們，不可進行新的改革，不可引起辯論，不可反對彌撒禮，不可讓羅馬教徒歸依路德教派。結果這個方案在議會上通過，羅馬教的神父和主教們便非常得意。改革家在這極嚴重的危險中，若為自己採取一個錯誤的步驟來辯護，便會瓦解所有的成就。辛虧他們看出接受這方案就等於出賣宗教信仰的自由，所以諸侯說：「我們務要拒絕這道指令，在良心問題上，大多數人是沒有權柄作決定的。」議員亦聲明：「會議除了保障信仰自由，以待舉行全體大會之外，無權辦理其他的事。」保障信仰自由乃是國家的本分，但其權威僅限於此，絕不應該以權力強制宗教事務。

羅馬教開始在支持改革運動者中間進行挑撥離間和公然恫嚇。最後他們召集各自由城市的代表開會，幾乎有半數的代表都偏袒改革運動。代表皇帝出席會議的斐迪南企圖說服諸侯接受這個方案，並保證皇帝必會嘉許他們如此行。但這些忠心的人卻不依從，結果斐迪南以強制的手段宣佈他們必須順從。保皇黨的人看出改正教的諸侯必堅持以聖經為最高權威，來對抗會議的決定。當斐迪南不理會諸侯們的主張時，他們立時擬好一篇莊嚴的聲明提交議會，其主要內容是說：「我們用這個文件在上帝面前向會議聲明，唯有祂是我們的創造主、保護者、救贖主和拯救者；……我們在萬人萬有之前，為我們自己和國民提出抗議，聲

明我們絕不同意，也不能以任何方式，服從會議所建議的命令，去違背上帝，違背祂的聖言，違背我們正義的良心，並妨害我們靈魂的得救。……除了與上帝聖言相符的道理之外，沒有其他可靠的道理。……我們決意要靠著上帝的恩典，單單傳講上帝純潔的聖言，就是記在舊約和新約經卷中的教訓，……上帝聖言是唯一的真理。……凡在這根基上建造的人，必能抵擋一切地獄的權勢，而世人所用來反對它的荒謬言論，必要在上帝面前全然失敗。為這個緣故，我們拒絕那加在我們身上的軛。……我們必在公正合法的本分範圍之內，向皇帝陛下和諸位貴族議員表示擁戴和順從。」

　　這個著名的抗議書的原則，成了改正教的基本要素。它反對世人在信仰上所犯的兩種弊端：第一是政府干涉宗教，第二是教會當局的權勢。基督徒應將良心置於官府權勢之上，將聖經置於教會的權威之上，如同使徒所說的：「順從上帝，不順從人，是應當的。」斯拜耳茲的抗議，乃是反對宗教偏見的見證，並聲明人人都有依照自己的良心敬拜上帝的權利。這聲明書不但寫在千萬人的記憶中，也記在天上的冊子裏。德國的基督徒採納了這個抗議，作為信仰的宣言。撒但今日仍反對以聖經作人生的指導，並千方百計地想要破壞宗教信仰的自由。宗教改革運動在那次危機中所表現堅持上帝聖言的精神，乃是今日改革運動的唯一希望。

　　那時上帝用許多方法保護忠心的人脫離危險，甚至差派天使出現，引領梅蘭克吞幫助他的朋友西門格里諾逃離逼迫他之人的手。在斯拜耳茲抗議之後的次年，查理五世在奧格斯堡召開另一次會議，邀請改革派信徒的領袖們列席參加。許多人認為皇帝此舉是要引諸侯陷入網羅，最好不要冒險前去。但他們堅信上帝的保守，毅然由撒克遜選侯帶領出發往奧格斯堡去。路德陪伴他們，直到科堡，並在路上寫了一首讚美詩「上帝是我堅固保

障」，沿途高唱這詩歌，振奮同行之人的信心。此時他們決定由路德、梅蘭克吞等人以聖經為憑據，把信仰寫成一份有系統的報告，呈交會議。這份宣言寫成之後，大家簽名贊同，成為改正教徒的信仰宣言。本來梅蘭克吞欲阻止諸侯的簽署，但撒克遜選候約翰和其他王侯堅持簽名支持這項宣言。他們的信心和勇敢可見一斑。

在莊嚴的集會中，改革家在皇帝與諸侯面前，鄭重宣讀了這份信仰宣言，清楚地發表福音的真理，並指明羅馬教會的錯謬。這一日被稱為「宗教改革運動最偉大的日子，也是基督教和人類史上最光榮的一天。」路德雖不得親自出席，卻藉著言論和禱告參加此會議。一如保羅時代福音傳到羅馬城王侯面前，這時福音亦在王宮裡傳開，讓國內的達官顯貴都成為聽眾。其中有一些王侯相信了改正教的信仰，連皇帝也宣講改正教徒所提出的意見確是真理。這一份信仰宣言譯成多種語文，通行全歐，在後世也有億萬人接受它為個人的信仰聲明。

上帝一直與這些忠心的僕人同在，眾天使也護衛著他們。路德堅守原則，不借助屬世的權勢來支持改革運動，亦不採用武力來維護這運動。當王侯建議成立一防守同盟時，他說：「福音的道理應該單單由上帝來保護。……人的干涉越少，則上帝的作為越發明顯。」面對仇敵的攻擊時，路德寫道：「我們最大的需要，我們主要的努力就是禱告。……我們必須背負基督的十字架。……我們藉禱告所能成就的，要比仇敵所能成就的還大。……你不能護衛我的信仰，各人要為自己的信仰冒險。」偉大的改革運動具有震動世界的力量，乃是從祈禱的密室中得力。在奧格斯堡的掙扎時期，路德「每天至少要用三小時禱告。」在他私人的密室中，常可聽到他向上帝傾心吐意，像人與朋友交談時一樣。路德在鼓勵梅蘭克吞時說：「對於正義和真理的工作，

基督有充足的能力。祂是長遠活著，祂掌管萬有，既然如此，我們還有什麼可懼怕的呢？」

主說：「看哪，我把所揀選所寶貴的房角石，安放在錫安；信靠祂的人，必不至於羞愧。」[註1]基督教的改革家已經在基督身上建造，所以陰間的權柄不能勝過他們。

【註1】彼前2：6

12 法國的改革運動

耶和華的名，是堅固臺；義人奔入，便得安穩。

（箴18：10）

　　在斯拜耳茲抗議書和奧斯堡信仰宣言公布之後，接著就是多年的戰爭和黑暗。宗教改革運動內部的分裂削弱了它的力量，外面又受到強敵的攻擊，改正教面臨被消滅的危機。新教中的一個領袖出賣信徒中的王侯，使他們如俘虜般的落在皇帝手中，在各城裡被拖來拖去。德國皇帝查理五世以撲滅新教為畢生的抱負，寧願犧牲一切來粉碎這個「異端」，結果他的軍隊在戰爭中損失殆盡，國庫枯竭。自己也因長期掙扎與內憂外患搏鬥而精疲力盡。最後他放棄皇位，在修道院裡終其一生。

　　改革運動在瑞士也同樣面臨黑暗時期。雖然有許多地區接受了改革的信仰，但其他地區仍固守羅馬的教條。他們對接受真理的人施以逼迫，引起了內戰。薩文黎和其他改革工作者，都在卡帕爾血腥的戰場上犧牲，愛克蘭帕底也去世了。看來羅馬教似乎是得勝，但上帝的聖手必施行拯救，在其他國家興起工人來推進改革運動。首先得見亮光的乃是年邁又博學的李富黎，他曾任巴黎大學教授，又是個熱心的羅馬教徒。在鑽研古代文學時注意到聖經，就指導學生研究聖經。他原本極推崇古代聖徒，有意編寫一部先聖和殉道者的歷史。他想或許能在聖經中找到資料，結果他在聖經裏找到的聖徒記錄卻與羅馬教所敬拜的大不相同。於是

他放棄了自己的計畫，專心去研究上帝的話，並將所發現的寶貴真理教導別人。

一五一二年，在路德和薩文黎開始改革工作之前，李富黎已經寫道：「上帝因信賜給我們義，使我們得以靠恩典稱義而得永生。」他一面教導人救贖的功勞完全歸於上帝，一面宣揚順從為人類的本分。在他的學生中有一位名叫威廉法勒爾，是個忠實的羅馬教徒。原本他心中火熱，一心要除滅反對教廷的人。他曾陪同李富黎走遍巴黎各教堂，在祭壇前跪拜，獻禮物裝飾神龕。但這些禮節並未使他心靈得到平安，無論怎樣苦修也無法擺脫罪惡感。當他聽到「救贖乃是出於恩典」，以及「唯有基督的十字架才能打開天國的門，關閉地獄的門。」就欣然接受真理，並熱心的出去為主宣傳福音。

不久，有一個顯要人物——摩城的主教與他攜手合作，加上其他教師們一齊宣講真道，於是各階層都有人信從福音，就連法國國王法蘭西斯的姊妹亦接受這新的信仰，而國王和太后也表示贊同。改革家深深地期許法國的宗教改革可以成功。因為在此時所出現的一段平安時期，是要使他們得到力量，以便應付那將臨的風暴。摩城的主教熱心工作，撤換無知和腐敗的神父，而盡量任用有學識和敬虔的人。李富黎翻譯了聖經中的新約，當路德的德文聖經出版時，法文聖經的新約也在摩城印行。主教在教區中努力推銷，以致鄉民都得到聖經。他們如獲至寶的歡迎上天的信息，每日殷勤誦讀聖經，並一同祈禱讚美上帝。福音使這些村鎮起了極大的改變，在他們的生活中彰顯出上帝的恩典和能力，改革和提昇人的生活。在摩城所發出的真光照耀著遠近各地，悔改的人數天天增加。後來摩城的主教經不起考驗，竟選擇妥協之路。但摩城的信徒卻堅定不移，在火焰中為真理作美好的見證。

在勇敢為基督作見證的人當中，不單是一些卑微和貧窮的

人，其中也有些貴冑皇親視真理比財富、地位和性命更寶貴。柏昆路易出身貴族，是個舉止大方、品行端正的爵士。他本是羅馬教的忠實擁護者，而且特別憎恨路德教派。後來受上帝引領去研究聖經，才發現其中「並沒有羅馬教的道理，反而是路德的道理。」從此便全心獻身從事福音的工作。「他是法國貴族中最有學問的一個人。」又是王所寵愛的人，許多人認為他是法國的「第二個路德。」羅馬教廷覺得柏昆比路德還可怕，他三次被羅馬當局囚禁，但國王欽佩他的才華和高尚的品德，不肯讓他犧牲，所以把他釋放了。當時有人勸他逃亡到外國去，以求安全，但柏昆不畏危難，不單要維護真理，還要攻擊謬論。柏昆從巴黎大學神學院的博士著作中找出12項，並公開稱之為「違反聖經的異端」，請國王主持雙方的辯論。羅馬教廷深知自己無法勝過聖經，便想利用其他方法尋求出路。

正在那時，巴黎一個街口的貞女馬利亞神像被人損壞了，引起全城的騷動，而修道士藉這機會歸罪於柏昆，因此將他逮捕了。王自巴黎引退，讓僧侶們為所欲為。於是他被公審而定下死罪，而且唯恐國王出面營救，所以當天就執行死刑。柏昆在中午被帶到刑場，在無數的人觀看之下，從容就義。他的臉上煥發著上天的榮光和平安。在受火刑之時，他本想對民眾說幾句話，但修道士的喧嚷和士兵的兵器相擊聲，淹沒了殉道者的聲音。他的身體就在火燄中燒盡了，但他立下的榜樣卻萬世流芳。

在摩城遭受逼迫的時期，改革家們遵照聖經的教訓，分散到各處去傳道。李富黎到德國，法勒爾到法國東部他兒時的故鄉去，以無畏的熱誠傳講真理。不久又受到地方當局禁止和驅逐，此後雖然不能公開講道，但卻遍行各鄉鎮，在私人的住宅和偏僻的牧場上教訓人，這樣真光就傳到許多遙遠的省分。上帝在巴黎的一所學校裏，興起一位聰明好學、才華過人的青年——約翰喀

爾文，成為推進聖工的工人。他有一個參加改革運動的表兄弟奧力維坦，與他見面時經常談論宗教問題。他告訴喀爾文，世界上有兩種宗教：一種是人所發明的，叫人靠遵守禮節和善行拯救自己；另一種是從聖經而來的宗教，教導人以信賴上帝白白賜下的恩典而得救。喀爾文，表面上不贊同他的論點，但內心卻起了種種思潮。他看到自己的善行和苦修、教會的禮節、聖徒的代求，都不足以贖罪，這一切都無法使他與上帝和好。

正當他內心掙扎不已時，偶然地經過一個廣場，看到一位被焚燒的「叛教徒」臉上表現的平安，令他十分驚異。那人所擁有的信心和勇敢，與自己所感到的失望與黑暗相比，使他決定要研究聖經。結果他在聖經中找到了基督，並決定終身從事福音的工作。但秉性怯懦的喀爾文不敢作公眾的教師，只想專心從事研究的工作。在馬加勒特公主保護下，他開始在人們家中誦讀聖經，並闡明救恩的道理。那些接受真理的人把這佳音傳給別人，喀爾文又轉向別的村莊傳道，無論宮室或茅屋，他都進去。過了幾個月，他又回到巴黎挨家挨戶向人打開聖經和講論基督。當時在巴黎到處充滿神學辯論的喧囂，公主馬加勒特決定宣講改革的信仰，便打開了王宮的門。她將宮內的一間房子改作會堂，每天在指定的時間請宣道士講道。於是各界人士蜂擁前來，不但會堂，連一切接待室和走廊都擠滿了人。國王不但沒有禁止這些聚會，反而命令巴黎城開放兩間教堂作為宣道之用，使該城得到上帝聖言之感動而變成節制、純潔、勤勞和有秩序的地方，足有二年之久。

羅馬教廷見此便改變策略，轉向一般平民進行煽惑，設法引起無知和迷信，甚至狂熱。巴黎人盲目地屈從這些虛偽的教師，後來教堂被封閉，火刑的柱子也再次豎立起來。這時喀爾文仍在巴黎傳佈真光，正當法警要逮捕他時，朋友緊急將他縋出窗外，

逃往南邊馬加勒特的轄境內。他在那裡受到有權勢的友人保護，專心從事研究。等風暴稍為平靜，他到波亞疊工作，在該城首長家中、公園裏或自己的寓所內，向願意聆聽的人傳講永生之道。不久聽眾的數目增多，為了安全起見，就到城外的幽谷山洞中，找到聚集之所。人們從不同的路線出城到這偏僻的地方聚會。法國的新教徒在此舉行了第一次的聖餐禮，後來還差派多位忠心的傳道人出去宣揚福音。隨後喀爾文重返巴黎，發現幾乎每一扇工作之門都已關閉，於是決定到德國去。他一離開法國，逼迫的狂風驟起，若他仍在巴黎，勢必要在大屠殺中犧牲。

法國的改革家希望與德國和瑞士的同道一樣，以勇敢的行動喚醒國人。於是在一夜之間，法國各地貼滿了攻擊彌撒祭的標語。有一張標語竟張貼在宮廷的門上，使國王甚為恐慌和震怒，於是下令逮捕一切路德教派的人。他們先捉拿一個貧窮的工匠，並以火刑威脅他領他們到每個新教徒家中。他本來不願屈服，終被死刑所懾服，就領著修道士、神父和士兵們到信徒家中搜捕。這個行動震驚全城，許多犧牲者在殘酷的折磨中死亡。為了延長他們的痛苦，當局甚至將火勢降低。刑場分佈在巴黎各處，熾火終日不熄。這些人經過街道往刑場去的時候，臉上煥發著喜樂平安的光彩，從容就義。他們表現的英勇氣概和饒恕的精神，為福音作無聲卻有力的見證。

神父為使群眾的忿怒沸揚，竟控告改正教徒圖謀推翻政府、殺害國王和羅馬教徒。他們加在無辜人身上的殘酷作為，遭致在三百年之後悲慘的災禍臨及法國。這時有成千上萬的人逃出巴黎，流亡在外。監獄裏有人滿之患，城中人心惶惶。國王法蘭西斯一向愛好和倡導文藝，如今卻下令取消全國的印刷事業。在一五三五年一月二十一日舉行這個可怕的儀式，要完全除滅改正教徒。巴黎的主教手拿「聖體」，要國王不戴冠冕、不穿王袍，

扮成懺悔的罪人，跟在後面，領著王后和權貴們，沿途在每一座神壇前下跪。然後又在主教公館的大廳裡，為國家的罪惡和羞辱誌哀，並號召百姓根除「異端」，徹底地拒絕真理之光。又在主教的大教堂裡立下誓約根除「異端」，四處豎起火刑的柱子，當眾燒死改正教徒。行列便在執行酷刑的地方停下，直到再回到王宮中才分散。法國終於將福音完全根除，其結果卻是悲慘的。在一七九三年一月二十一日，恰好是逼迫改正教徒的二百五十八年後，法國國王路易十六世被拖到斷頭臺上處斬，而且在這血腥之日一共有二千八百人死在斷頭臺上。

當法國拒絕上天的恩賜時，就撒下敗亡的種子，引致大革命和恐怖時代的來臨。此時法勒爾已逃到瑞士，繼續薩文黎的工作，使改革運動在瑞士更加發展。他在那裡將德國改革家的著作譯成法文，連同法文聖經一齊大量印行，然後低價供給售書員在法國銷售。他又以小學教師的身份，在瑞士一個偏僻的教區從事教育兒童的工作。除了普通課程之外，小心翼翼地介紹聖經的真理，藉著兒童將福音傳給父母們。當神父出來攔阻這工作時，他就轉往別處去。法勒爾徒步旅行，穿鄉越鎮，冒著性命的危險到各處傳道。在他不屈不撓的努力下，終於看到許多曾是羅馬教廷堡壘的城鎮，開門歡迎福音，接受宗教改革的信仰。摩拉特和涅沙忒爾兩區的一些城市也放棄了羅馬教會的信仰，撤去教堂中的神像。

法勒爾久已盼望在日內瓦樹立新教的旗幟，讓它成為法國、瑞士和義大利改革運動的中心。他在周圍的城鎮建立了教會之後，帶著一個同伴進入日內瓦。結果只有兩次講道的機會便遭到反對和逼迫，於是在官府和士兵的營救下結束了他第一次在日內瓦的傳道工作。第二次的嘗試是藉著一位氣貌不揚的青年人，名叫弗洛蒙特。他開始時是作小學教師，由學生回家重述在學校所

聽到的真理。不久就吸引了許多家長來聽他解釋聖經,直到教室裏都坐滿了聽眾。他又免費分贈新約聖經和真理的小冊子,將福音傳到不敢公然來聽道的人手中。後來他也被迫離開,但所撒下的種子已在眾人心中萌芽,繼續成長發展。日後傳道人回來努力耕耘,終於使改正教在日內瓦建立起來。

　　喀爾文歷經多方飄泊之後,本欲前往巴塞爾,但發現路上有查理五世的軍隊駐守著,所以只好繞道日內瓦。該城的居民雖已擺脫羅馬的權勢,卻未完全放棄先前養成的惡習。法勒爾認為自己應和喀爾文聯合起來傳道,於是囑咐他留下來。喀爾文覺得自己身體衰弱、生性怯懦,只想找個安靜之處,藉著寫作教導眾人和建立教會。但是法勒爾的勸告如同天上來的呼召,使他不敢推辭,而留在日內瓦工作。

　　此時改革運動的初期勝利已經過去,羅馬教皇重整旗鼓要消滅他們。在捍衛羅馬教皇的團體中,興起了最殘忍的耶穌會。他們切斷一切今世的親屬關係,灌輸狂熱的迷信,使會員能不顧一切地用各種手段反對真理。他們立誓終身過貧苦的生活,志在獲掌財富,推翻改革運動,重建教皇的威權。這些人以耶穌會會員的身分出現,披著聖潔的外衣四處行善,而內心卻充滿邪惡和詭詐。他們甚至混入政府機關中擔任君王的顧問,左右國家的政務。有時又扮成僕人去偵察主人的行動。他們在民間設立學校,誘導學生遵守羅馬教堂的儀節。耶穌會的會員迅速散佈到歐洲各地,他們無論到哪裡,羅馬教廷就復興起來。教皇下令重設「宗教裁判所」,讓他們在光天化日之下殺害良民。許多社會精英、知識分子、虔誠信徒和愛國的公民,不是被殺就是被迫逃往他鄉。羅馬教廷不惜以各種手段熄滅改革運動的亮光,從人間消滅聖經,恢復黑暗時代的無知和迷信。但改正教並未被推翻,小日內瓦城、荷蘭和瑞典反而能與強國西班牙的暴虐勢力相周旋。

喀爾文在日內瓦工作將近三十年之久，設立了一個堅守聖經道德的教會，並在歐洲推進了改革運動。有許多印刷品和傳教士從這裡派遣出去傳揚改革的真理。其他受逼迫的地區均仰賴日內瓦為教訓、勸誡和鼓勵的來源。它成為全西歐流亡者的避難所，使許多人在此安身立業。後來亦有些人回到故鄉去抵抗羅馬教廷的暴政，例如：蘇格蘭的約翰諾克斯、英國的清教徒、荷蘭、西班牙的改正教徒、法國的胡格諾派教徒，都從日內瓦帶回真理的火炬，去照亮故鄉的黑暗。

13 荷蘭和斯堪地那維亞

耶和華的道，是正直人的保障，卻成了作孽人的敗壞。（箴10：29）

　　教皇的暴政在荷蘭早就遭到反對。在路德之前七百年，荷蘭的兩位主教因事被派到羅馬時，看穿教廷的真相，並攻擊教皇說：「……你竟像一個賊把這一切的恩惠都搶去了。你自行坐在殿中好像上帝一樣，你不是一個牧者，倒成了羊群的一隻豺狼；……你原該作眾僕之僕，……誰知你卻想要作萬主之主。」早期的教師們往來於不同的地方，以瓦典西傳道士的精神，將真理傳到荷蘭。他們用詩歌的體裁，把瓦典西人的聖經譯成荷蘭語。這時雖有羅馬教的逼迫，在火柱和酷刑之下，信徒依然不斷增加。他們竭力主張以聖經作為唯一的權威，並且要求信仰的自由。

　　路德的教訓在荷蘭迅速傳開。有一位荷蘭人名叫孟諾西門，受過羅馬天主教的教育，並被封為神父。他對聖經毫無認識，亦不肯閱讀，深怕被誘入「異端」。當他對「聖體論」的道理生疑時，他就認為這是從撒但來的試探，於是禱告認罪，設法擺脫這思想；但終究徒然無功。他混跡於放蕩的場合，想要抑制良心的譴責都未能成功。於是他開始研究新約聖經和路德的著作，他就接受了宗教改革的信仰。不久之後，他在鄰村看見一人因再受洗而被處斬首之刑。他在聖經中找不到嬰孩受洗的教訓，只看

到悔改和信心乃是領受洗禮所需的條件。後來他退出羅馬教會，奉獻一生去傳講所領受的真理。此時在德國和荷蘭廣興起一班狂熱之徒，宣傳怪誕的謬論，違反人道，引起叛亂。孟諾奮勇地反對狂熱派的教訓和計畫，一面向曾被狂熱派所迷惑但後來又放棄狂熱派的人傳道，一面又向古代真實基督徒的後裔工作，得到極大的成功。他帶著妻兒冒著生命危險，在荷蘭和德國北部傳教，長達二十五年。雖然他的學識不高，但生來具有口才，為人正直謙遜，真誠敬虔，深得眾人信任，引領多人歸主。

宗教改革的信仰在荷蘭廣被接受，但卻遭受比其他國家更可怕的逼迫。在德國，有諸侯反抗查理五世禁止改革運動所實施的暴政。但在荷蘭，查理下令將閱讀聖經、聽道或講道的人，都處以火刑。連私下禱告、唱讚美詩或是不肯跪拜神像，也有被處死刑的可能。男的用刀殺，女的活埋，千萬人在查理和腓力二世的統治之下喪失性命。逼迫越烈，殉道者的信心越發堅固。許多青年男女和婦孺都誓死不屈。基督徒的鮮血成為福音的種子，逼迫反而增加了為真理作見證之人的數目。國王年復一年地竭力策進殘酷的工作，結果皆是徒然。最後，威廉奧倫治率領的革命，使荷蘭得到宗教自由。

在皮特蒙的山嶺間，在法蘭西平原與荷蘭的沿海一帶，都有信徒的血跡記錄了福音的進展。但在北歐的國家裏，福音卻得以平安地的傳入。威丁堡的大學生在返鄉之後，將宗教改革的信仰帶到斯堪地那維亞各國，路德的著作也發揮了傳播真光的作用。於是北歐儉樸勤勞的居民離棄羅馬的奢腐和迷信，歸向聖經中純正和賜人生命的真理。

丹麥的改革家塔森出身農家，自幼聰穎過人。由於家境貧寒，無法讓他受教育，只好進入修道院。在院中表現殷勤和忠實，頗得上級的賞識。院方便決定保送他到德國或荷蘭的大學受

教育，他們讓他自己選擇學校，只是不准他到威丁堡去。塔森選擇到羅馬教的科倫大學就讀，但不久就對哲學的玄虛產生厭倦。約在此時，他得到路德的作品，研讀之後至感驚喜。他下定決心到威丁堡大學報名入學。回丹麥之後，他往原先的修道院去。塔森並沒有說出自己的祕密，亦無人懷疑他是路德的信徒。他時常打開聖經，向人宣講靠基督得救的福音，引領他們得到更純正的信仰和更聖潔的生活。院方知道後，立即把他逐出修道院，禁閉在小室中，予以嚴密的監視。不久，修道院裏竟有幾位修道士悔改相信改正教。這時國王頒佈了一道保護傳講新教的命令，塔森就開始在各教堂講道，眾人蜂擁而來聽他講道。同時也有別人傳講上帝的真道。此時不僅聖經中的新約已譯成丹麥語且流行甚廣。不久丹麥國就聲明接受宗教改革的信仰了。

瑞典亦是從威丁堡的青年學生得到真光。在厄速布魯的鐵匠皮特里有兩個兒子了，奧拉夫和勞林底斯，曾在路德和梅蘭克吞門下受教。奧拉夫有像路德一樣的熱情和口才，而勞林底斯則像梅蘭克吞一樣的審慎和鎮靜。他們兄弟二人以勇敢不屈、熱心虔誠的精神傳揚真理。那時瑞典人民在羅馬教會的統治之下一貧如洗，生活困苦。他們沒有聖經，只信奉一些表號和禮節。這種宗教不能使內心得見光明，因此便逐漸回到祖先的迷信和罪惡裡去。在國內的各黨派紛爭不已，使人民陷於水深火熱之中。國王決意在政治和教會方面進行改革，便讓奧拉夫在國王和大臣面前與神父們對抗辯論。他指明「唯有聖經」是信仰和行為的準繩，教會的法令若與上帝的誡命相違，便不當成立，也不該隨意頒佈教條作為得救的條件。

由於這次的辯論，瑞典國王接受了改正教的信仰。不久全國會議也聲明擁護。奧拉夫已將聖經中的新約譯成瑞典文，這時他們兄弟二人又奉國王諭旨翻譯整本聖經，使瑞典人民能以本國的

文字領受真理。國會通令全國：讓傳教士解釋聖經，各地學校也當教導兒童讀經。福音的真光驅散了迷信的黑暗，瑞典成為改正教的堅固堡壘。一百年之後，在「三十年戰爭」的可怕掙扎中，成為唯一出力援助德國的歐洲國家。那時北歐各國幾乎重淪羅馬暴政之下，幸得瑞典軍隊相助，才使德國轉敗為勝。改正教徒得到自由，而那些接受改革信仰的國家，也得到恢復宗教信仰自由的權利。

14 真理在英國的發展

**你要為真道打那美好的仗,持定永生;你為此被召,
也在許多見證人面前,已經作了那美好的見證。**

(提前6:12)

　　正當路德向德國人民揭開聖經時,廷達爾在英國也進行同
樣的工作。威克里夫的英文聖經是從拉丁文翻譯過來的,而拉丁
文本卻有許多錯誤。那時聖經皆是手抄的,價格非常昂貴,一般
平民無力購買。再加上教會嚴禁,所以聖經不為一般人所擁有。
一五一六年,就是路德發表宣言的前一年,伊拉斯莫斯出版了希
臘文和拉丁的新約聖經,此乃原文聖經首次的印行。其中改正了
過去譯本的錯誤,使其意思更加清楚。這本聖經使許多學者更明
白真理,使改革工作得到新的動力。然而英國人仍無法親自閱讀
上帝的話,因此廷達爾出來完成威克里夫的工作,把聖經譯成英
文獻給他的同胞。

　　廷達爾是一個熱心尋求真理、孜孜不倦的學者,從伊拉斯莫
斯的希臘文聖經中接受了福音,便將真理傳給別人。他竭力主張
以聖經為準則,並指責羅馬教會將聖經埋藏起來。他說:「若沒
有聖經,就不能把教友的信心建立在真理的基礎上。」廷達爾的
講道引起人們極大的興趣,許多人因而接受真理。但神父們在他
離開工作地點時,總是設法破壞他的工作。他心中立定的目標,
是讓基督徒能用本國語文誦讀聖經,於是立時著手工作。他先到

倫敦開始這工作，但後來受羅馬教徒逼迫而避往德國去。他在德國開始印行英文聖經中的新約，在受到兩次攔阻之後，轉往俄姆斯工作。這是以前路德為福音辯論的地方，那裡有許多贊助改革運動的友人。廷達爾在此順利地出版了三千本聖經，同年又再版一次。雖然英國當局嚴禁，但上帝的聖言終能祕密的運到倫敦，再從那裡流通全國。

羅馬教會企圖撲滅真理，總是徒然。達爾漢的主教到廷達爾朋友所開的書店，買下所有的聖經，準備毀掉這些聖經。但這筆購買聖經的錢反倒被用來採購紙張原料，以供再版更好的聖經。廷達爾後來被出賣到仇敵手中，在監獄裡受了幾個月的痛苦，終於為道殉身。但他所遺留下來的武器，卻使後世的福音戰士相繼興起作戰，直到今日。

另一位改革家拉替麥也主張眾人以本國的文字誦讀聖經，他說聖經「乃是上帝自己」所著作的，具有能力和永恆的性質。相繼而起的學者還有巴尼斯、弗黎斯、利特理和克藍麥。他們反對羅馬教會，看出教廷的許多錯謬。拉替麥說：「誰是全英國最殷勤的主教呢？……他就是魔鬼。……他總是在崗位上工作著。……哪裏有魔鬼居留，……那裏就要拋棄書籍，拿出蠟燭；高擱聖經，拿出念珠；熄滅福音的光，點起蠟燭的光，……除掉基督的十字架，高舉煉獄的謬論來勒索金錢，不給赤身露體的人衣服穿，不幫助貧窮軟弱的人，卻要設置神龕，裝飾木偶石像；除掉上帝的律法，和祂最神聖的言語，高舉人的規條和人的律法。」這些改革家所維護的偉大原則，與其他同工所堅守的一樣：以聖經為至高權威，為一切信仰和行為的準繩。他們用聖經的教訓來檢驗一切道理和主張，直到殉身時，這種對上帝、對聖經的信仰支持了他們。

在蘇格蘭，科倫巴和同工們所撒的真理種子始終未被消滅。

英格蘭的教會屈服於羅馬教數百年之後，蘇格蘭仍保持自由。直到第十二世紀，羅馬教在此建立起來，而且甚為猖獗。後來威克里夫派的洛拉爾德人，從英格蘭帶來聖經和威克里夫的作品，然後有路德的著作和廷達爾所譯的新約聖經，靜寂無聲地將蘇格蘭幾乎熄滅的真理火炬重新點燃，消除羅馬教會四百年壓迫下的毒害。羅馬教會的領袖警覺到改革運動的威脅，就把蘇格蘭最優秀尊貴的男女，用火刑處死。出身貴族的哈密爾敦、威沙特和其他信徒，都犧牲在火刑柱上。他們的見證，使全地的人受感動，敦促他們掙脫羅馬教會的枷鎖。

諾克斯約翰看見威沙特不屈不撓的榜樣，決心放棄羅馬教而加入改正教的行列。他原本對傳道工作戰兢退縮，經過多日的掙扎之後，才毅然接受此呼召，以大無畏的精神勇往直前，始終不渝。他是一位富貴不能淫，威武不能屈的勇士。當他被帶到蘇格蘭女王面前時，仍堅決地說：「純正宗教的原動力和權威，不是從世上的君王來的，乃是從永生的上帝而來，所以百姓沒有義務按照君王的嗜好，來決定自己的宗教信仰。」女王瑪利說：「你這樣解釋聖經，而他們那樣解釋；我到底應該相信誰？」他勸女王瑪利要相信那在聖經中發言的上帝。他冒著生命危險為主作戰，直到蘇格蘭掙脫羅馬教會為止。

英格蘭立新教為國教之後，雖然革除許多羅馬教的道理，但仍保留不少儀式，結果是皇帝竟取代教皇登上教會元首的位置。信奉新教的統治者雖然少用殘酷的手段迫害信徒，但卻未給予自由敬拜上帝的權利。眾人必須接受國教所定的教義，並遵守其敬拜儀式。在第十七世紀，有成千的傳道人被迫離開工作崗位。百姓除了國教的聚會之外，不得參加其他宗教集會。違者科以罰金，或遭監禁放逐。那些不願停止聚集敬拜上帝的忠心信徒，被迫在黑暗的小巷、偏僻的閣樓或在森林的深處聚會。許多人為信

仰遭受家散人亡、漂流異鄉或監禁牢獄之苦。然而上帝與他們同在，使逼迫無法消滅他們的見證。有些人被放逐到美洲去，在那裡奠立了政治和宗教自由的基礎。

正如使徒的時代一樣，逼迫反而推廣了福音。本仁約翰在擠滿重犯的監獄中寫出一本奇妙的寓言《天路歷程》，描述從將亡城到天城的經歷。他所著作的《聖遊記》和《罪魁領受大恩》這兩本書，引領多人走向生命之道。弗拉末爾的《生命之泉》和《蒙恩之法》教導眾人將心靈交託給基督。巴克斯特的《改正的牧師》和《聖徒永遠的安息》使多人獲益匪淺。這些著作所成就的工作，是永遠不能磨滅的。

一百年之後，在屬靈的黑暗日子，上帝揀選了懷特腓德和衛斯理兄弟二人，作傳播真光的使者。當時英國在國教管理之下，宗教漸趨墮落，甚至與異教無分別。上流社會之士蔑視敬虔，而下層社會人士則因無知而沉溺於惡習之中。路德所教導的因信稱義道理，幾乎完全被遺忘，取而代之的是羅馬教的靠善行得救。懷特腓德和衛斯理兩兄弟原是國教的教友，有一次衛斯理患病，有人問他永生的希望寄託在哪裡？他回答道：「我已經盡我最大的努力事奉上帝。」事後他看出自己這回答的空虛與絕望。他領會到真宗教乃是內心的宗教，不但管束人的言語行為，也管束人的心思意念。他們嘗試以祈禱克制本性的邪念，過著克己自卑的生活，而且嚴謹地遵守許多規律，以為這樣便能得蒙上帝喜悅的聖潔。結果卻是徒然，他們與路德一樣，無法擺脫罪的捆綁。

改革運動發起之後，波希米亞的新教遭到羅馬軍隊的蹂躪，許多人逃往異鄉。其中有一些人逃到德國的撒克遜去避難，而形成摩拉維亞教派。衛斯理和同伴們就是從這些人身上獲得真光。衛斯理兄弟受封為牧師之後，奉命前往美洲，在海上遇見狂風，面臨死亡，但他們注意到同船的摩拉維亞教徒卻毫不畏懼，保持

鎮定。到了美洲塞分那，他們曾與這些人同住，而因摩拉維亞教徒的虔誠生活深受感動。他們的聚會簡單又嚴肅，他們確有聖靈和能力的明證。

衛斯理回到英國後，在摩拉維亞教派的傳教士教導之下，更加看清必須放棄倚靠行為得救，而完全倚靠「上帝的羔羊」。多年以來，他以嚴格克己、禁食禱告和施捨尋求救恩，如今才體會到得救之道乃是「不用銀錢，不用價值」就能得來的恩賜。他懷著火熱之心將這福音傳授他人。他終身奉獻自己，宣揚這因信基督寶血而稱義的偉大真理。懷特腓德和衛斯理兄弟在大學時就常遭同學譏誚，稱他們為「美以美派」，如今倒成為英美各國最大的基督教派。當時衛斯理並無意成立一個新的宗派，只在所謂「美以美團契」的名義下組織信徒。

這些傳教士遭遇國教的反對，但上帝使他們從教會內部開始改革的工作。領導奮興的傳道士在教會範圍內進行工作，幫助一些屬靈呈麻木狀態的教牧人員奮興起來，而讓死氣沉沉的教會重得興旺。正如教會歷史中各世代一樣，恩賜不同的人成就了不同的工作。即使懷特腓德和衛斯理兄弟之間意見不相同，有一次險些造成分裂，但在為主工作上是聯合一致的。他們行走的是一條崎嶇的道路，經常要承受別人的排斥與攻擊。衛斯理約翰多次靠賴上帝為他所施行的奇事，方能逃生。早期的美以美會教徒，無論是平信徒或傳道人，都常遭暴徒的譏誚與逼迫。他們時常被傳到法庭受審，又遭暴徒任意搶掠和虐待。衛斯理約翰駁斥罪狀時說：「我們所傳的道理，每一部分都完全顯明為聖經中明白的道理，並且是按著我們教會的解經法來解釋的。所以只要聖經是真的，我們的道理就不可能是虛偽或錯謬的。」他又進一步地聲明絕不降低聖經的標準迎合世人。

英國在衛斯理時代之前所顯示靈性衰落的狀況，都是唯信主

義教訓的結果。當時英國的唯信主義者主張基督已經廢棄道德的律法，所以基督徒沒有遵守的責任。另有一些人主張蒙揀選的人無論作什麼惡事，都不算違犯上帝的律法。他們認為上帝沒有規定不可改變律法，而道德的標準也可以時常變更的。衛斯理堅決反對這些錯謬，因為唯信主義者的道理乃與聖經相牴觸。有人說基督的死已將十誡和儀文的律法一併廢除，衛斯理回答說：「祂來的目的並不是要廢掉律法的任何一部分。這律法不是寫在石版上，乃是寫在心版上。這律法的每一條都必須在人類身上世世代代發生效力，這不在乎時間和空間，祂來是要宣明每一條律法其中所含的真確且完全的意義。」他聲稱律法和福音是互相協調的，在律法和福音之間可以看出一種最密切的關係。律法為福音預備條件，向人指明福音，而福音經常引領我們更切實地完成律法。「律法的義」藉著在基督裏的信成就在我們身上。

衛斯理又說：「基督福音最大的仇敵，就是那些公然無忌地『論斷律法』和『批評律法』的人，……最令人驚駭的，就是那些受其迷惑的人真誠地相信推翻律法，倒是榮耀基督，破壞祂的教訓，倒是尊崇祂的使命！……律法的功用就是使人知罪，人必須先知道自己的罪，才能真正感覺到自己需要基督贖罪之血。」這樣，衛斯理宣講福音時，也像他的主一樣，尊律法為大。他忠心地完成上帝所交託給他的工作。在他一生八十餘年裏，旅行佈道的時間超過半個世紀。在生命結束時，竟有五十餘萬人在他門下。他的人生給予每個基督徒極寶貴的教訓，唯願他的信心、謙卑、不倦的熱誠、自我犧牲和敬虔的精神，能在今日的教會中彰顯出來。

15 聖經與法國革命

祂的訓詞都是確實，是永遠遠遠堅定的。（詩111：7、8）

在第十六世紀，宗教改革運動將敞開的聖經獻給世人，有些國家欣然接受它為大上來的恩賜，而有些地區受到羅馬教廷的影響而排斥這亮光。其中法國進行了數百年反對聖經的爭戰，終於在大革命的時期達到巔峰，這也是羅馬教廷禁止聖經的結果。先知早已預言羅馬教廷掌權時期對聖經的壓制，蒙啟示的約翰也指明法國的厄運，他說：「他們要踐踏聖城四十二個月。我要使我那兩個見證人，穿著毛衣，傳道一千二百六十天。……他們作完見證的時候，那從無底坑裏上來的獸，必與他們交戰，並且得勝，把他們殺了。」註1

這裏所提到的「四十二個月」和「一千二百六十天」同是指基督教會在羅馬權下遭受壓迫的時期。教皇掌權的一千二百六十年是從公元五三八年開始，止於一七九八年法國軍隊進入羅馬城擄走教皇，讓他死於異鄉。雖然又選出一位新教皇，但已不像從前權傾一時了。上帝憐愛祂的子民，所以減少他們受苦的日子。對教會的逼迫，並沒有延續一千二百六十年，逼迫在一七九八年以前就停止了。這「兩個見證人」代表聖經的舊約和新約。舊約中的表號、祭禮和預言都指明將來臨的救主；新約中的四福音和使徒書信則記載按照預言降世的救主。羅馬教廷企圖將真理隱藏起來，以傳講虛偽之道來代替聖經。當聖經被宗教和政治權威禁

止時，那些宣揚聖經真理的人被追逐、出賣、折磨、監禁，甚至躲在山間洞穴裏，或為道殉身——這就是忠心見證人穿著毛衣傳道的時候。即使在最黑暗的時代，依然有一班忠心的人堅貞不移地宣揚真理。

「若有人想要害他們，就有火從他們口中出來，燒滅仇敵。凡想要害他們的，都必這樣被殺。」[註2]這是上帝發出的警告：凡藉自己的影響使他人輕視上帝律法的人、凡高舉自己的意見過於上帝啟示的人、凡為求自己的方便或為迎合世人的習俗而改變聖經教訓的人，必被定罪。這「兩個見證人」穿著毛衣作見證的時期，在一七九八年完結。在工作行將結束之時，「那從無底坑裏上來的獸」必起來與他們交戰，這時所出現的政權，乃是撒但權勢的表現，要公然與上帝的聖言爭戰。羅馬教把聖經保留在多數人所不懂的文字之中，無疑就是把聖經封鎖起來，使人無從獲得任何啟示。

「他們的屍首就倒在大城裏的街上；這城按著靈意叫所多瑪，又叫埃及，就是他們的主釘十字架之處。」[註3]埃及在聖經歷史中是最大膽否認和抗拒上帝的國家，法老曾傲慢地回答摩西：「耶和華是誰？……我不認識耶和華。」而所多瑪是聖經中最為腐化荒淫的城市。當聖經被抹煞時，即出現法老的無神主義和所多瑪的淫亂行為。在一七九三年法國革命之時，國家議會的議員竟一致否定真理，成為世上唯一公然反對創造主的國家。立法的議會頒發命令，宣稱天地間沒有上帝。在法國所呈現的道德淪亡和傷風敗俗，與昔日的所多瑪如出一轍。當時「他們竟頒佈破壞婚姻制度的律法，……使婚姻成為臨時性的契約。男女可以隨意結合，也可以隨意仳離。」而法國所加予基督徒的迫害，就等於把基督釘在十字架上一樣的殘酷。

當瓦典西人在皮德蒙的山間捨棄性命時，法國的阿比堅斯

人也為真理作同樣的見證。在宗教改革的日子裏，改正教徒被視為非法之徒，像獵物一般被人追逐，在苦鬥的戰場上流出鮮血。第十八世紀隱遁在法國南部山間的「曠野教會」，雖然受到國王路易十四世所派的騎兵追殺，依然堅守祖先的信仰。這逼迫使山林中橫屍遍野，或屍懸樹梢。但人類歷史記錄中最黑暗的一篇，當屬聖巴多羅買節的大屠殺。那時法國君王受羅馬教神父和主教的慫恿，在夜深之時，鳴響鐘聲作為大屠殺的信號。當人人在家安睡時，將改正教徒拖出去殺害。巴黎城內的大屠殺延續七天之久，而且王又下令這暴行可延伸到一切省分和城市。只要有改正教徒在，不論男女老幼，不分貧富貴賤，都可進行殺害。法國全境的屠殺長達兩個月之久，共計有七萬國家英才喪命。羅馬教廷為此還大事慶祝　番，又製發紀念章來紀念這屠殺行動。今日住梵蒂崗仍可看到畫家發薩里描繪此舉的三幅壁畫。

在大革命和恐怖時期統治法國的無神主義政權，成為「從無底坑裏上來的獸」與上帝和聖經交戰。法國的國家議會決定取消對上帝的敬拜，並收集聖經在公眾場所焚燒。他們又廢除上帝的律法，取消每週休息的日子，改為每十天休息一天的制度，並在這一天禁止浸禮和聖餐禮，作為人們可以盡情縱慾褻瀆的日子。他們稱敬畏上帝為愚昧的開端，禁止一切宗教敬拜，主教更在國會面前否定先前所教導的宗教。「住在地上的人，就為他們歡喜快樂，互相餽送禮物；因這兩位先知曾叫住在地上的人受痛苦。」[註4]聖經真理指責的聲音，在法國完全止息了。不久之後，她即墮落至事奉假神的地步。全國人民竟擁立淫蕩之婦為「理智女神」，公然向她敬拜。

羅馬教所開始的工作已交由無神主義者來完成，教廷在許多君王的心中灌輸毒素，使他們認為宗教改革運動乃是王室的仇敵，亦是妨害國家和平與統一的因素。一五二五年，教皇告訴法

國國王，改正教徒是引致顛覆宗教、君權、法律秩序和社會階級的主要因素。同時神學家亦指控改正教的道理誘惑人心、摧毀教會和國家。

自由的精神原本是與聖經相輔並行的。無論何處接受福音，人心就被喚醒。一個順從上帝律法的人，也必會尊敬君王順從國家律法。不幸法國選擇拒絕真理和迫害忠良之路。數百年來，多少人在火刑柱上喪命或死於囚船中，還有成千上萬的人流亡在外。這種顛沛流離的日子，竟長達二百五十年之久。

許格諾派的教徒逃亡之後，法國即普遍地凋零衰落。有人估計當時城內足有二十萬個乞丐，靠著皇家救濟度日。在這衰頹的國家中只有耶穌會最為興旺，並以可怕的殘酷手段統管一切。福音原可解決法國政治和社會的問題，但百姓在羅馬教廷的長期支配之下，已達道德盡失和民不聊生的地步。有權有勢的貴族欺壓農民，政府和僧侶們又對平民徵收苛捐重稅，使國家經濟困難，人民怨聲載道。無神主義者和革命分子的興起，並非在羅馬教廷所計畫之中。他們鄙視羅馬教廷的虛偽和欺騙，所以拒絕一切宗教和聖經。

在大革命初爆發的時候，國王准許革命人士在議會中佔得最多的席位，造成這班人有推翻政權的機會。法國在宗教改革時所豎立第一根火刑柱的地點，成為大革命時所設置第一個斷頭台的地方。在第十六世紀第一批殉道者被焚燒的地方，也正是第十八世紀第一批人在斷頭台受刑的地點。法國對聖經的抗爭開始了一個新紀元，後世稱之為「恐怖時代」。從此法國漸趨沒落，人心惶惶，社會動盪不安。國王、僧侶和貴族都被推上斷頭台處死。國內各處充滿恐怖景象，革命黨派自相殘殺，巴黎城內暴亂相繼。這時法國又與歐洲列強打仗，內憂外患使國家瀕於破產邊緣，饑荒遍行，盜匪蜂起，大地荒涼。報應的日子終於來臨。受

逼害的不再是基督徒，因他們早已喪亡或被驅逐出境。斷頭台上染滿了神父的鮮血，牢房內和囚船上都擠滿了神父們。在那些日子裏，斷頭機每日早晨就開始工作，血流成渠。在短短的十年中喪失了無數性命。

這一切正遂撒但所願，他的政策乃是欺騙、破壞和毀滅。他以欺騙的手段蠱惑世人的心眼，將一切禍患歸罪於上帝，藉此破壞上帝的旨意，進而摧毀世界和人類。當撒但的假面具被揭穿之後，他就轉用另一道假面具，慫恿世人把聖經看為神話，放棄上帝的律例而沉溺於罪孽之中。從無神主義者、非基督徒、和叛道徒的結局，可以證明人類的幸福與順從上帝是息息相關的。從大革命後法國議會公然廢除上帝的律法，到隨之而來的恐怖時代，眾人就清楚看到其中的因果關係。這些惡果雖不是立即顯現，但事實證明違犯公義律法必難逃厄運。法國好像經歷地震一樣，所有的宗教、律法、社會秩序、家庭、教會和國家都蕩然無存。正如智慧者所說的：「惡人必因自己的惡跌倒。」「所以必吃自結的果子，充滿自設的計謀。」註5

在一七九三年通過廢除基督教和聖經的三年半之後，法國國會通過議案取消以前的禁令，准許聖經自由銷行。「兩位先知聽見有大聲音從天上來，對他們說：『上到這裏來。』他們就駕著雲上了天，他們的仇敵也看見了。」註6一八〇四年，大英聖經公會成立，接著有無數分會設於歐洲大陸。一八一六年，美國聖經公會也相繼成立。當大英聖經公會成立時，聖經以五十種語言印行，至今已譯成四百多種語言。一七九二年之前半世紀，教會並無派遣佈道團體到國外宣道。直到十八世紀末葉，國外的佈道工作才有空前的進展。印刷術的改良增加了聖經的行銷，各國之間交通事業的進步，羅馬教皇的失勢，以及人們逐漸打破成見，這些因素都為上帝的話打開門戶，使之進入各國，甚至聖經得以

在羅馬街道上銷售，如今更是遍及全球。「唯有我們上帝的話，必永遠立定。」[註7]「祂的訓詞都是確實的；是永永遠遠堅定的，是按誠實正直設立的。」[註8]凡建立在人的權威上之事物，都必傾覆；唯有建立在上帝真理磐石上的，才能堅立至永遠。

【註1】啟11：2、3、7　　　【註2】啟11：5　　　【註3】啟11：8

【註4】啟11：10　　　【註5】箴11：5；1：31　　　【註6】啟11：12

【註7】賽40：8　　　【註8】詩111：7、8

16 清教徒的追求自由

唯有詳細察看那全備、使人自由之律法的,並且時常如此,這人既不是聽了就忘,乃是實在行出來,就在他所行的事上必然得福。（雅1：25）

英國的改革家雖然放棄了羅馬教的教義,卻仍然保留了許多羅馬教廷的禮節和儀式,攙在英國國教的崇拜之中。他們認為聖經既沒有明文規定遵守這些禮節,可是也沒有明文禁止。況且如此行,可使羅馬教徒易於接受改正教的信仰。但另有一些人卻不以為然。他們認為這些禮儀正是從前受奴役的標記,既得了釋放,就不該再回到奴役中去。他們主張上帝已在聖經中訂立敬拜祂的規例,世人不得隨意增減。許多人覺得英國國教所設立的許多習俗乃是拜偶像的紀念,他們不願昧著良心參加崇拜。當時英國的法律規定國民必須參赴國教的禮節,凡未經許可的宗教聚會一律禁止,違者處以監禁、放逐或死刑。

在第十七世紀初,方才登位的英國國王決心使清教徒（即當時篤信聖經的基督徒）遵奉國教,違者予以驅逐出境或更嚴厲的處分。許多人看出英國不宜久留,便決定到荷蘭去避難。雖然中間曾遭遇困難和監禁,他們依然堅貞不渝,最終還是得到荷蘭的庇護。當時這些人離鄉背井,到一個人地生疏、語言風俗不同的異國求生。但他們努力適應環境,並為上帝所賜下的恩典表示感謝。日子雖苦,愛心和信心卻更堅定。他們篤信主的應許,在上

帝所安排的道路上勇往直前，毫不畏縮。上帝讓試煉臨到祂的子民，為要預備他們成就祂慈愛的旨意。世人要再次看到上帝絕不丟棄倚靠祂的人，並要引領祂的子民到安全之地。流亡和逼迫反而為他們打開自由之路。

當清教徒迫不得已要脫離英國國教時，曾立約作上帝自由的子民。他們抱著同一目的離開荷蘭，前往新大陸尋找安身之處。臨行前，牧師魯賓遜約翰勉勵他們要隨時接受上帝的真理，因為上帝的聖言必要發出更多的亮光。他還囑咐他們「切莫忘記與上帝所立的誓約和諾言，要謹慎查考新道理，以聖經來比較衡量，方可接受。」這些清教徒渴望享受信仰自由，甘願冒著翻山越海的危險，忍受開荒闢野的艱難，靠賴上帝的恩典，在美洲奠定了一個大國的基礎。然而他們尚未完全知曉宗教自由的原則。改革者雖然拒絕了羅馬的教條，但未真正脫離她的影響。這批殖民者通過一項規則，指定唯有基督教徒才能干預政治。人民必須納稅供養宗教行政人員，政府也有權鎮壓異端。國家的大權依然落入教會手中，使教會變成國教，造成日後無可避免的逼迫。

在設置第一個殖民地的十一年後，威廉羅哲抵達新大陸尋求宗教自由。他認為不拘信仰如何，人人都應享有不可侵犯的宗教自由之權。他聲明政府的本分是遏制罪惡，而不是控制信仰。當時美洲殖民地的居民都必須參赴教會的聚會，否則要受到處分。威廉極力反對這項法律，他認為勉強人參加公眾禮拜，無異是鼓勵人假冒為善。

威廉羅哲是一位受人愛戴、天賦卓越、正直仁厚的君子。他堅決否認國家的官吏有權干涉教會，並主張信仰自由。當局無法容忍他的言論，判他要被驅逐出境。最後他在寒冬裏逃到野地的森林去，在那裏痛苦地飄流十四週之久。最後在一個印第安部落中找到避難所，並將福音傳揚給他們。後來他到那刺干塞特灣的

海岸，在那裡奠立了一個新政府的基礎，也就是現代第一個真正承認人民有信仰自由之權利的政府。其原則是：「人人都應享有按照自己良心敬拜上帝的自由。」所以這小小的羅得島成為受壓迫之人的避難所，這一省的人數增多，地方也繁榮起來。這種政治和宗教的自由成為日後美利堅合眾國的基石。

美國的「獨立宣言」明白地說：「人人生來都是平等的。創造主賦與不可侵犯的權利，包括生命、自由和追求幸福的權利。」而且美國憲法明確地保證信仰自由不被侵犯。美國可享自由的消息傳到歐洲各國，於是有成千的人蜂擁到新大陸的各港口去。美國的麻州更特定法律，免費支援和接待一切逃避戰爭、饑荒、或壓迫的基督徒。殖民地人口迅速增加，從第一次在普里穆斯港口登陸之後的二十年中，共有二萬人在新英格蘭區安家。這些新移民吃苦耐勞地在這片土地上耕耘，以聖經為信仰的基礎，在家庭、學校和教會中殷勤教導其中的原則。由此證明順從聖經乃是國家強盛繁榮的最佳保障，然後這幾個殖民地漸漸聯合組成了一個統一的大國。

後來被吸引來美洲的人越來越多，追求私利的人也增多，而使原先的信仰影響力減弱。早期殖民地只准許教徒參政，造成日後許多人為了擔任公職而加入教會。人們想藉著政府的支持來建立教會，便使教會與政府聯合。表面上稱世界可更接近教會，實際上卻使教會更接近世界。美國的改正教會雖然接受了宗教改革的亮光，但沒有在改革的道路上勇往直前，以致又回到徒具形式的窠臼。他們仍保留許多錯誤和迷信，使教會存有同樣世俗的慾念和屬靈的愚昧，同樣以人的理論代替聖經的教訓。在第十九世紀初，聖經廣為風行，真理的光輝照耀在世界各地。但是真理的知識和信仰的實踐並未齊步前進。這時人人都有聖經，撒但不再像中古時代使人聽不到上帝的話，他改成誘使世人輕視聖經。人

們既忽略查考聖經，就會繼續接受謬道，並保留許多沒有以聖經為根據的道理。撒但不再用逼迫的方法撲滅真理，乃是採用妥協的辦法。他使基督徒與貪愛世俗的人聯合，引致教會漸趨腐化。他繼續歪曲聖經的道理，讓教會高舉那敗壞千萬人的遺傳。如此一來，那真正的真理原則，竟被人輕視了。

17 黎明的曙光

**從全美的錫安中，上帝已經發光了。因為祂來了，祂
來要審判全地。祂要按公義審判世界，按祂的信實審
判萬民。**（詩50：2；96：13）

聖經中最嚴肅最光榮的真理之一，就是基督第二次降臨完成
的救贖大工。上帝的子民像客旅一樣已久居在世上，救主復臨的
應許，為他們帶來寶貴而快樂的指望。這道理乃是整本聖經的中
心。自從人類的始祖步出伊甸園以來，凡具有信心的兒女都盼望
著所應許之主的降臨。聖經中記載了許多先祖對救贖主的期待。
以諾曾在地上與上帝同行三百年之久，他說：「看哪，主帶著祂
的千萬聖者降臨，要在眾人身上行審判。」註1約伯在痛苦時以
毫不動搖的信心說：「我知道我的救贖主活著……我自己要見
祂，親眼要看祂，……」註2詩人大衛、先知以賽亞和先知哈巴
谷亦在書中多處提及等候救主降臨的喜樂。

當耶穌與門徒離別時，祂應許道：「我去，原是為你們預
備地方去。我若去為你們預備了地方，就必再來接你們到我那裏
去。」註3在基督升天時，那留在橄欖山上的兩位天使，向門徒
重申主必復臨的應許：「你們見祂怎樣往天上去，祂還要怎樣
來。」註4那時，長久握在惡者手中的統治權要被打破。「世上
的國，成了我主和主基督的國；祂要作王，直到永永遠遠。」註
5主的復臨已經成為歷代忠實信徒的指望。救主在橄欖山上臨別

之際所發出的應許，照亮了門徒的前程，使他們心中充滿喜樂和希望。使徒保羅向帖撒羅尼迦的信徒，指出基督復臨時，那在基督裏死了的人必先禱告，要和仍然活著的人一同被提到雲裏，在空中與主相遇。使徒約翰亦在荒蕪的拔摩海島上表達他的心願：「主耶穌阿，我願你來！」註6

從監獄裏、火刑柱和斷頭台上，我們都可以聽見許多聖徒和殉道者發出主必復臨的宣言。路德説：「那偉大的日子正逐漸臨近，到那日，這罪大惡極的國度就要被推翻。」梅蘭克吞説：「這個衰老的世界離它的終局不遠了。」喀爾文説：「熱切渴望基督復臨的日子，為萬事之中最可喜的事。」巴克斯特説：「主降臨的事，對於我乃是最甜蜜、最愉快的。」「信心的工作和聖徒的特性，就是愛慕主的顯現，並持守那有福的盼望。」「一切的信徒應當渴望、盼望，並等候那日。」

先知的預言還提供了基督復臨的預兆，叫人知道那日子的臨近。耶穌説：「日、月、星辰要顯出異兆。」註7「日頭要變黑了，月亮也不放光，眾星要從天上墜落，天勢都要震動。」註8約翰在啟示錄中形容主復臨之前的第一個預兆：「我又看見地大震動；日頭變黑像毛布，滿月變紅像血。」註9這些預兆在第十九世紀之前就已出現。在一七五五年發生了空前慘重的里斯本地震，範圍延及歐洲、非洲和美洲，不下四百萬方哩。西班牙與非洲沿岸出現了巨大的海嘯，釀成一場浩劫。西班牙與葡萄牙的災情最為慘重。據説在加底斯衝上岸的海浪高達六十呎之高，葡萄牙最大的山，連根基都被動搖了。有一些山的頂峰分裂，還噴出火燄來。在里斯本城中大部分的房屋皆倒塌，在六分鐘內有六萬人喪生。地起了震動，城內的教堂和修道院亦全部倒塌。城中數處著火，焚燒達三日之久，以致全城變成廢墟。地震發生在聖日，各教堂和修道院擠滿了人，而聖壇、聖體和所有的偶像都無

法救他們。據估計在這一天死亡約有九萬人。

二十五年之後，在一七八〇年五月十九日，第二個預兆應驗了。這一天在新英格蘭一帶，出現了極奇怪的黑暗，人們稱之為「黑日」。有人描述這一天的早晨本是天氣晴朗，陽光普照。但不久之後，雲霧瀰漫，然後又有閃電、雷擊、和小雨。及至上午九時，天色顯出黃銅的色彩。數分鐘後，整個地面已呈夜裏九時的黑暗。人們心中漸漸充滿恐懼，各人都停止作息，彷彿感覺到萬物的結局將到。上午十一時之後，黑暗最為濃厚，若不點火燭，就無法看見或作任何事。這場黑暗籠罩著整個美洲，一直延續到黃昏之前，太陽才再微現，但仍有濃黑的雲霧籠罩著。到了夜裏，依然是非常黑暗和可怕。當晚九時雖然皓月升空，卻無法驅散陰暗。午夜之後，黑暗漸退，而月亮呈現血紅的顏色。這就應驗了先知約珥的預言：「日頭要變為黑暗，月亮要變為血，這都在耶和華大而可畏的日子未到以前。」註10

基督曾囑咐門徒要注意祂復臨的預兆，並且見到兆頭應驗時要歡喜，因為得贖的日子近了。但是自從教會失去敬虔，變成形式化之後，那愛主之心和盼望祂復臨的信仰也隨之冷淡。他們既專心追求世俗享樂，便忽略主復臨兆頭的教訓。救主向門徒指出在祂第二次降臨之前，必有背道的情形。那時的人，要像挪亞的日子一樣，忙於買賣、栽種、建造、嫁娶的事上，而忘記上帝，漠視永生。對那些苟安怠惰的人，主警告說：「若不儆醒，我必臨到你那裏如同賊一樣。我幾時臨到，你也絕不能知道。」註11人們必須覺悟，看出自己的危險；儆醒預備，並要存謙卑和悔改的心尋求耶和華。

為要預備一班在末日站立得住的子民，勢必先完成改革的工作，要把他們從屬靈的昏睡中喚醒，預備等候主的降臨。在啟示錄第十四章，記載著由三位天使所傳揚的警告。第一位天使宣

佈審判的時刻已到，要世人敬拜創造天地海和眾水泉源的主。這信息乃是「永遠的福音」的一部分。上帝將傳福音的工作沒有委託給天使，乃是交託給世人，讓順從聖靈指示和聖經教訓的人，將這警告傳給世人。那些能理解這真理並進行傳揚的人，並非博學的神學家。那些神學家沒有盡到做守望者的責任，這警告只好交給卑微的人去傳揚。凡離開或不尋求真光的人，都要被撇棄在黑暗之中。凡專心努力順從真光的人，必得到從天而來更大的亮光，引導他們進入真理之中。救主宣稱：「跟從我的，就不在黑暗裏走，必要得著生命的光。」註12

在基督第一次降臨的時候，猶太人的領袖只顧著爭權奪利，而不向百姓宣告彌賽亞降生的信息，甚至看不見天上之君的神聖榮光。當兩位疲憊的拿撒勒旅客來到伯利恒時，找不到棲身之處，也無人開門接待。最後在牲畜的茅舍裡，世界的救主悄然誕生。天使奉差遣要向萬民宣告這大喜的信息，卻發現世人對此大事毫不在意，無動於衷。沒有人期待基督，亦無人準備迎接這生命之君。正當天使要返回天庭時，看見幾個在夜間看守羊群的牧羊人。他們注視著滿天星斗的穹蒼，思想著彌賽亞降生的預言，並盼望著救贖主的降臨。於是天使忽然向他們顯現，宣佈這大喜的信息。天庭的榮耀照射著大地，眾天使同聲高唱萬民得救所要唱的歌：「在至高之處榮耀歸與上帝，在地上平安歸與祂所喜悅的人！」註13

眾天使不但看到卑微的牧羊人，也看到在東方尋找彌賽亞的博士學者。他們已從自然界中看到上帝的作為，從研究希伯來人的聖經中知道「出於雅各」的星必要出現，便切切等待祂的降生。當明星照亮他們腳前的路時，就跟隨這星來到新生王誕生之處朝拜祂。這段奇妙的故事提醒我們務要儆醒，免得因冷淡、自滿、不信而錯過蒙救贖的日子。耶穌看見祂的教會如同不結果子

的無花果樹，長滿虛偽的葉子，而結不出果實。他們缺乏真正的謙卑，只有驕傲、虛榮和自私。一個冷淡退後的教會，乃是閉眼不見，使自己與上帝的愛隔絕。

這就是不看重和不善用上帝所賜的亮光和權利的必然結果。教會若不順從上帝的引導，必落至徒具形式。上帝要求祂的子民按照所賜的福氣與特權，表現出信心和順服。順從必須犧牲，還要背十字架。許多自稱為基督徒的人，因為驕傲和不信，拒絕了從天而來的亮光。上帝就越過他們，將真理啟示給願意領受真光的人。

【註1】猶14、15　　　【註2】伯19：25、27　　　【註3】約14：2、3

【註4】徒1：11　　　　【註5】啟11：15　　　　　【註6】啟22：20

【註7】路21：25　　　【註8】可13：24、25　　　【註9】啟6：12

【註10】珥2：31　　　【註11】啟3：3　　　　　　【註12】約8：12

【註13】路2：14

18 一個重要的預言

挪亞的日子怎樣，人子降臨也要怎樣。所以你們也要預備，因為你們想不到的時候，人子就來了。

（太24：37、44）

　　威廉米勒耳是一個行為端正、心地誠實的農夫。雖然曾經懷疑過聖經，但也是個真心追求真理的人，因此上帝揀選他傳揚基督復臨的信息。他與其他改革家一樣，出身貧窮，自幼便學會克己和勤奮的重要。他有健壯的體格，而且智力超於常人。雖然沒有上大學的機會，但好學的天性和慎思明辨的心智，使他成為一個行事穩健、見識淵博、受人尊重的正人君子。由於勤奮努力，很早就購置了一點產業，而且在軍隊和政府中擔任職務時，因表現良好而名利雙收。他的父親曾在獨立戰爭中任軍隊的隊長，母親則是一位敬虔的婦人。米勒耳從小便受宗教的薰陶，但長大後卻受自由神論影響，不相信上帝與人有來往，亦不相信聖經的教訓。直到三十四歲，聖靈感動了他的心，使他覺得自己是罪人了。他說：「人若真要為自己的行為負責的話，那麼人人都必要滅亡了。永恆是什麼？死亡是什麼？我越推究，越得不出其所以來。我不想去思考它，卻無法控制自己的思想。」

　　他陷在這困擾中達數月之久，「忽然有一個像救主的人物，生動地出現在我心中。……我看到聖經中正有我所需要的這位救主，我不得不承認聖經是上帝所啟示的。於是聖經成了我的喜

樂，我也找到耶穌為我的良友。從前我認為玄祕、矛盾的聖經，如今成了腳前的燈，路上的光。我的心也安定滿足了。……我發現了許多珍寶，……並對其他讀物完全失去興趣，只要專心從上帝那裏尋求智慧。」當米勒耳公開承認救主之後，他的同伴立時提出許多他先前常用的論據反駁，於是他決意親自鑽研聖經。

米勒耳為擺脫一切先入為主的成見，不用任何解釋聖經的書籍，只以串珠註解的聖經和經文索引為輔助，有規律地進行研究。他從創世記開始逐節研讀，非徹底明白每段經文的意義，就不往下閱讀。每遇到一段難以明白的經文，總可以在聖經其他部分找到解釋。當他懇切祈求上天的光照時，便能明瞭深奧的經文。他以同樣的原則研究但以理和啟示錄二書，發現能夠明白預言的表號，使大為歡喜。當他逐步探索預言時，真理的鍊條就一環一環地向他顯明。還有天上的使者引導和啟迪他的思想，使他更能明白聖經。

當時流傳著在世界末日之前，要有一千年的地上天國存在。這種說法並無聖經根據，而且與基督的教訓相牴觸。基督曾說麥子和稗子要一齊生長，直到收割的日子，也就是世界的末了。黑暗之國必要存留到主臨的日子。人們相信主復臨之日仍十分遙遠，便不留意基督復臨的預兆，而未作迎見主的準備。米勒耳發現聖經中清楚地教訓基督復臨的道理。耶穌說：「他們要看見人子，有能力，有大榮耀，駕著天上的雲降臨。」註1在祂來的時候，死了的義人必要復活，活著的義人必要改變。上帝的子民要從必朽壞的變成不朽壞的，然後才能進入上帝的國。保羅曾說：「血肉之體，不能承受上帝的國，必朽壞的，不能承受不朽壞的。」註2

經過查證後，米勒耳舉出聖經中的年代學。他說：「我發現過去所應驗的預言常在指定的時期實現。洪水時代的一百二十

年，洪水之前的七天和降雨四十天的預言^{註3}；亞伯拉罕子孫寄居異地四百年^{註4}；法老夢中的七年^{註5}；曠野飄流的四十年^{註6}；三年半的饑荒^{註7}；被擄的七十年^{註8}；尼布甲尼撒的七期^{註9}；以及七個七，六十二個七，和一個七，就是為猶太人定出的七十個七^{註10}；都已按照預言應驗了。」由此看來，聖經已指出人類歷史上的大事，我們不可輕視這些預言。

預言之中最清楚指明基督復臨的時期，乃是但以理書第八章第十四節所提的：「到二千三百日聖所就必潔淨。」按照「以經解經」的原則，米勒耳知道預言中的一天代表一年^{註11}。他看出二千三百年所指的並非舊約時代的聖所，他認為在新約時代地球是聖所；這章節代表基督復臨以火潔淨地球的事。所以若能找到二千三百日的正確起點，就能算出基督復臨的時期。於是米勒耳更熱切地查考預言，日以繼夜地研究這題目。

在但以理書第八章中他找不到起點的線索，再往下讀，就看見天使加百列向但以理解釋說：「為你本國之民和你聖城，已經定了七十個七。……從出令重新建造耶路撒冷，直到有受膏君的時候，必有七個七和六十二個七。……過了六十二個七，那受膏者必被剪除，一無所有；……一七之內，他必與許多人堅定盟約，一七之半，他必使祭祀與供獻止息。」^{註12}這裏的七十個七代表四百九十年，從以斯拉記第七章中可以找到重建耶路撒冷的命令，是由波斯王亞達薛西在公元前四百五十七年秋天頒佈的。從這一年算起，過了六十九個七，即四百八十三年，就到了公元二十七年。受膏君乃指彌賽亞，在公元二十七年秋天，施洗約翰為耶穌施浸，並受聖靈的恩膏。救主親自宣稱：「主的靈在我身上，因為祂用膏膏我，叫我傳福音給貧窮的人。」^{註13}在七十個七中最後的一個七，指著特別定給猶太人的最後七年。從公元二十七年到三十四年，先由基督，再由門徒，特別向猶太人發出

福音的邀請。在公元三十一年，即一七之半，也就是耶穌受洗三年半之後，主被釘在十字架上。隨著祂偉大的犧牲，表號已經遇到實體，儀文制度的祭祀和供獻就此停止。到公元三十四年，亦是七十個七即四百九十屆滿時，猶太公會決議逼迫基督徒，並造成司提反殉道。於是救恩的信息不再限於猶太人，門徒因受逼迫而逃離耶路撒冷，將福音傳給普天下的萬民。

既然找出二千三百年的起點為公元前四百五十七年，減去七十個七的四百九十年，還剩下一千八百一十年，就可以算到它的終點是一八四四年。二千三百日的預言要在一八四四年秋季屆滿，當時的人幾乎都相信基督必在那時復臨。這研究的結果是出乎米勒耳意料的。在一八一八年，他用兩年的工夫研究聖經之後，斷定約在二十五年內，基督必會復臨。當時他覺得自己有責任將這真光傳給別人，又深怕自己或許還有錯誤。於是費了五年的功夫，再著手覆查所有的經文證據。剛開始他只是私下向人說出自己對預言的見解，這重擔壓在他心上有九年之久。直到一八三一年，他才公開宣講自己信仰的緣由。

正如古時以利沙蒙召接受聖職一樣，米勒耳蒙召撒棄農事，從事宣揚上帝國度的奧祕。這時他已五十歲，又不慣於演講，覺得自己不配擔任這工作。但他首次演講就引起了宗教奮興，帶領十三家的人悔改歸主。他的工作特別蒙福，在每一處都奮興上帝的聖工，喚醒眾人注意這偉大的真理，並遏止世俗的墮落和荒淫。在許多地方，各宗派的改正教會都邀請他講道，甚至分身乏術。許多人雖然不同意他所核算的日期，但他們深信基督必要復臨，同時也感到有必要做好準備。於是酒吧、賭館都關閉了，連最荒淫的人也改邪歸正。各宗派都舉辦禱告會，在各處幾乎每小時都有聚會。

一八三三年，米勒耳從浸信會領到傳道證書，正式許可他

的工作。雖然他多數在新英格蘭和中部各省，有好些年他完全自付旅費到各處傳道。即使後來所收的捐款，也不足以償付他的費用，造成他的經濟負擔。所幸他的家人能夠靠著農場的收入勤儉度日。在這一年裏，救主所應許作為衪復臨之記號的最後一個預兆出現了。約翰在啟示錄中寫道：「天上的星辰墜落於地，如同無花果樹被大風搖動，落下未熟的果子一樣。」註14這預言在一八三三年十一月十三日的流星雨中得應驗。這廣密的流星雨在美國的天空中星火四射，長達數小時之久，乃是一次空前絕後的奇景。整個天空似乎都在震動著，千萬顆流星急速射來，這種異象在北美洲各地均可看見。從半夜二時直到天亮，整個穹蒼不停地發射燦爛奪目的光芒。沒有任何言語可形容這壯觀奇景。

耶穌囑咐門徒說：「你們看見這一切的事，也該知道人子近了，正在門口了。」註15看到眾星墜落的人都注意到主將復臨的警告。另一位傳講復臨信息的牧師李奇約西亞，從啟示錄第九章中預言土耳其帝國必在一八四○年八月間覆亡。在指定的時候，土耳其通過外交使節，接受歐洲列強的保護，而投效於基督教國家的控制之下。眾人看到此預言的應驗，就更相信復臨信息的準確性。許多有學問和地位的人都與米勒耳聯合起來，宣揚他的見解。因此他們的工作在一八四○到一八四四年間，迅速地擴展。

米勒耳具有堅強的信心，又有天上的智慧，兼備基督徒謙卑仁愛之心，深受人們景仰。他願意傾聽他人的意見，心平氣和地以上帝的話檢驗一切學說和道理。他能用正確的理解和透徹的聖經知識反駁謬論。但他的工作同樣遭到劇烈反對，有些牧師竭力設法使人轉離復臨的題目，不斷譏誚和毀謗他。還有人嘲諷米勒耳為狂熱之徒、說謊的人和投機分子。但他始終以聖經的真理切實地打動人心，譴責他們的罪惡與自滿。於是引起仇敵的怨恨，甚至計畫殺害他。有一位天使裝作人的樣子，拉著他平安地脫離

暴徒的計謀。雖然阻力重重，人們對復臨運動的興趣卻與日俱增，各教會的人數也大大地增加。正如挪亞時代的人不肯相信洪水的警告一樣，也在米勒耳的日子，有許多自稱是上帝子民的人嘲笑復臨的信息。

「主必再來」乃是歷代上帝忠心兒女的安慰，是大喜的佳音。祂再次降臨的時候，不再像第一次降世時遭輕視與拒絕，乃要在榮耀中降臨，救贖祂的子民。那些接受復臨信息的人，深覺必須悔改和自卑。許多基督徒覺醒了，過著新的屬靈生活，他們日常的生活成為無聲的見證。反對的人既看出無法辯駁預言，便教訓人說預言是封閉的。這樣，改正教會就步上羅馬教會的後塵，阻止人查考聖經。他們說但以理和啟示錄的預言是人所不能了解的奧祕。

約翰說：「念這書上預言的，和那些聽見又遵守其中所記載的，都是有福的，因為日期近了。」註16啟示錄是一本敞開的書，一個顯明的奧祕，使人注意但以理書的預言。兩卷書記載著上帝賜給世人的重要教誨，和世界歷史結束時所要發生的大事。基督向使徒約翰展示深奧而動人的景象，使我們看到末日上帝子民所要面臨的危險和爭戰，讓我們更明瞭收割莊稼的末世信息，沒有一個是會留在黑暗之中的，因此研讀這預言的人必定蒙福。

【註1】太24：30　　【註2】林前15：50　　【註3】創6：3；7：4

【註4】創15：13　　【註5】創第41章　　【註6】民14：34

【註7】王上17：1　　【註8】耶25：11　　【註9】但4：16

【註10】但9：24－27　【註11】民14：34；結4：6

【註12】但9：24－27　【註13】路4：18　　【註14】啟6：13

【註15】太24：33　　【註16】啟1：3

19 失望中的希望

我雖坐在黑暗裏，耶和華卻作我的光。……祂必領我到光明中，我必得見祂的公義。（彌7：8、9）

　　歷代以來，上帝的工作、宗教改革的運動和對待世人的原則，都有一類似之處——上帝藉著聖靈指示祂在地上的僕人從事救恩的工作。人乃是成就上帝旨意的工具，每一位工人都可得到足夠的亮光，幫助他負起上帝所交付的工作。但任何人都不能得到救贖大計的全部知識，也無法明白和體會所有的目的及意義。這意義乃要根據當代的需要而逐步向他們顯明。就連眾先知也無法完全明白所有的啟示，但他們卻熱切追求啟示的亮光，並且詳細地尋求考查。世人有限的心智不足以領會無窮之主的謀略。我們常會被人為的傳統、成見或疏忽所蒙蔽，以致不能完全了解聖經中的啟示。

　　基督的門徒亦是如此。他們認為耶穌要作屬世的君王，一直指望夫子在耶路撒冷建立彌賽亞的國度，治理全地。他們的心思專注於地上的榮耀，以致看不出基督受苦受死的意義。當他們正希望看見主登基為王時，卻看到他被捉拿、鞭打、定罪和釘死在十字架上。當救主睡在墳墓的那兩天，門徒的心是何等失望和痛苦啊！在失望之中的門徒依然熱愛著夫子，但心中卻被不安和疑惑所籠罩著。慈愛的主並沒有丟棄他們，祂說：「我要引瞎子行不認識的道，領他們走不知道的路；在他們面前使黑暗變為光

明，使彎曲變為平直。這些事我都要行，並不離棄他們。」[註1]

門徒宣告的信息：「日期滿了，上帝的國近了。你們當悔改，信福音！」[註2]這裏所指的並非地上的國，也非那不朽壞的永遠國度，乃是指著恩惠的國。保羅說：「所以我們只管坦然無懼的，來到施恩的寶座前，為要得憐恤，蒙恩惠作隨時的幫助。」[註3]施恩寶座代表恩惠的國，寶座的存在就代表國度的存在。同樣，榮耀的寶座代表榮耀的國度，要等到將來基督復臨時建立起來。自人類墮落之時，上帝就進行了救贖計畫，建立了恩惠的國。人因著信得以成為這個國度的子民。然而恩惠的國，是在救主捨命於十字架上用祂最後一口氣呼喊「成了」的時候，才算正式成立。

基督的死，使門徒的希望歸於幻滅，反倒為亞當的兒女打開了希望之門。以前門徒對基督的愛攙雜著屬世的驕傲和自私的野心，他們心中充滿了寶座、冕冠和榮耀的幻想，殊不知擺在他們面前的乃是客西馬尼園、審判廳和髑髏地的十字架。這些錯誤使他們受到慘痛的考驗，為要使他們經過這難以忍受的試煉，得以被煉淨，而作好準備擔起傳福音的大任。耶穌復活向門徒顯現之後，門徒的心備受鼓舞，信心也油然而生。他們的疑慮、痛苦、失望，一變而成為明朗的信心，在絕望和憂傷之中，得到了新的盼望。門徒怎樣出去宣講天國的福音，米勒耳和同工們也同樣出去宣傳這預言的日期行將屆滿。但他們與早期的門徒一樣，沒有充分明白信息的真義，而面臨失望的痛苦。

米勒耳在解釋「二千三百日」預言的時候，採用了地球就是聖所的一般見解，並相信「潔淨聖所」乃代表地球在主復臨時用火潔淨。因此他的結論以為二千三百日屆滿就是基督復臨之日。在聖經的表號制度中，潔淨聖所乃是大祭司在全年供職之中所執行的最後禮節，亦是贖罪的最後工作。這事預表大祭司在天上塗

抹袍子民登記在天上冊子裡的罪惡。這包括查案的工作，就是一種審判的工作。這工作完成之後，基督即要帶著能力和榮耀，駕著雲彩降臨。啟示錄第十四章第七節所記載第一位天使的信息，就是指這在基督復臨之前所要施行的審判工作。早期的門徒怎樣誤會彌賽亞要在「七十個七」的末了建立國度，米勒耳也誤會了「二千三百日」的信息。

然而上帝讓審判的警告以這種方式傳開。在祂的安排之下，眾人都面臨考驗。這個信息的宗旨是要試驗並潔淨教會，使他們辨明自己屬靈的真實狀況，叫他們以悔改謙卑的心尋求主。上帝要他們看出自己是思念世界或思念天國；是拋棄信仰或信任上帝的聖言。對那些以真理的信心去順從聖經和聖靈之教訓的人，這種考驗必顯出他們的力量，使他們警覺以人的理論解釋聖經的危險。他們必要更細心地去研究聖經的預言，學習更謹慎地去考查自己的信仰，並拒絕那些不以聖經為根據的學說。他們和早期的門徒一樣，在試煉中他們所不能了解的事，後來都要明白。雖然他們因自己的錯誤而經不起考驗，但是上帝必能從這經歷中，帶領他們逐漸體會到上帝的慈愛與信實。

【註1】賽42：16　　　　【註2】可1：15　　　　【註3】來4：16

20 普世的宗教奮興

那時，我必使萬民用清潔的言語，好求告我——耶和華的名，同心合意地事奉我。（番3：9）

啟示錄第十四章第一位天使的信息，預言到在傳揚基督復臨信息時，必有一番普世的宗教奮興。這位天使「飛在空中，有永遠的福音要傳給住在地上的人，就是各國、各族、各方、各民。他大聲說：『應當敬畏上帝，將榮耀歸給祂！因祂施行審判的時候已經到了。應當敬拜那創造天地海和眾水泉源的。』」註1上帝聖潔的天使在空中大聲傳揚這警告，顯示這個運動要迅速發展，普及全地。固然永遠的福音在各世代都曾傳過，但這末日的信息只能在末期傳揚。預言中的一連串事情發生，宣告審判時期的開始。天使吩咐但以理要隱藏封閉末日的預言，直到末時。

論到基督復臨之前，使徒保羅說：「因為那日子以前，必有離道反教的事，並有那大罪人，就是沉淪之子，顯露出來。」註2這裏所指的乃是羅馬教皇，教皇的威權要維持一千二百六十年之久，這段時期在一七九八年終止。從一七九八年之後，但以理書被開啟，復臨運動在同一時期，亦在世界各國發起。在歐洲和美洲，許多大有信心恆切禱告的人，都被引導去研究聖經的預言。世界各地也有許多獨立的基督徒團體，單憑研究聖經而相信救主的復臨已近。

一八二一年，著名的「世界佈道士」伍爾夫博士開始傳揚

主快復臨的信息。伍博士乃猶太裔，在德國出生，他的父親是一個猶太教的拉比。在童年時便熱心參加猶太人在他家裏舉行的聚會，並經常發問，想知道拿撒勒人耶穌是誰。雖然他不准進入基督教的禮拜堂，卻經常逗留在門外，聆聽裏面所講的道理。在他七歲的時候，一位信基督教的鄰居老人告訴他：拿撒勒人耶穌就是彌賽亞，是上帝的兒子，並叫他回去閱讀以賽亞書第五十三章。當伍爾夫讀完這章聖經後，大為驚奇。他請父親解釋這段經文，卻只得到嚴肅的緘默。到了十一歲時，他離家出外求學，並選擇自己的宗教信仰和終身事業。他曾寄居在親戚家裡，後來被視為猶太教的叛徒而被驅逐。一文不名的伍爾夫，只好到處漂泊。但他更殷勤研究聖經，並以教授希伯來文謀生。不久在一個羅馬教師的感化之下，信奉了羅馬教會，並立志傳道。數年之後，他因公然攻擊教會的弊端而被遣離羅馬城，後來更被革除教籍。

此後，他動身到英國去，信了基督教，並且加入英國國教。經過兩年研究之後，在一八二一年開始傳道。當他接受基督第一次降世的道理時，也看到預言中清楚提到基督第二次的復臨。伍爾夫相信主復臨的日子甚近，他推算主復臨的日子和米勒耳的日期僅有數年之差。當時有一些人引用聖經「那日子，那時辰，沒有人知道」的話，稱世人不能知道主何時復臨。伍爾夫答道：「主豈不是給了我們許多時兆，使我們至少可以知道祂降臨的日子已近，正如人看見無花果樹長出葉子，便知道夏天已近了嗎？……主的意思並不是說那時期的臨近無人知道，乃是說那確定的日子和時辰，是沒有人知道的。祂所說的時兆，足能使我們認識到時日已近，以便預備等候祂來，正如挪亞預備方舟一樣。」

從一八二一年至一八四五年之間，伍爾夫旅行的範圍甚廣，

他的足跡遍及非洲和亞洲各國。一八三七年八月，他抵達紐約，在該城傳揚真理，然後又到費城和巴爾的摩傳道。最後他到華盛頓，受邀在國會大廳向全體議員、維吉尼亞州的主教、華盛頓各教會的牧師和公民演講。此外也應新澤西和賓夕法尼亞兩州的官員邀請作專題演講。伍博士在各國旅行，經歷無數的危險。他曾挨打挨餓、被賣為奴、三次被判死刑和遭盜搶劫而受困山間。但他宣稱自己有愛上帝愛人的心，並信任上帝的幫助。無論何往，他都帶著希伯來文和英文聖經。在猶太人、土耳其人、拜火教徒、印度教徒和異國異族人中，分發許多譯成他們方言的聖經，並傳揚基督復臨已近的道理。他在葉門的阿拉伯人書中，找到提及基督復臨、在一八四〇年將有一些大事發生的記載。他又看到利甲族和但支派的子孫都盼望彌賽亞的降臨。另有傳道士發現韃靼人亦相信基督約在一八四四年復臨。

　　遠在一八二六年，英國已經有人開始傳揚基督復臨的信息了，那時約有七百多位英國國教的牧師參加傳揚這信息的行列。在美國出版的復臨運動書籍，曾在英國暢銷和再版翻印。在一八四二年間，原籍英國而在美國接受復臨運動的文特，亦回到祖國將信息傳遍英國各地。第十八世紀時，在南美洲由羅馬教廷神父統治的環境中，有一個名叫拉昆薩的西班牙籍耶穌會神父，因研究聖經而接受基督復臨的信息。他想傳揚這警告，但又不願受羅馬教廷的懲戒，便化名為「一個信基督的猶太人拉比便以色列」出書，但他的著作卻在一八二五年才流傳到英國倫敦，被譯成英文，喚醒英國人對復臨運動的興趣。

　　同在第十八世紀時，已有一位原是路德會的牧師，又是極負盛名的聖經學者和評經家，名叫本哥爾，在德國宣講基督復臨的道理。當他研究啟示錄第二十一章準備講題時，基督復臨的真光照射在他心上，使他悟性大開。當他上台講道時，這預言又生動

地向他顯出能力。從那時起，他便埋頭研究先知的預言，尤其是啟示錄的預言。不久之後，他便深信基督復臨業已臨近，其推斷的日期，與後來米勒耳所定的僅有數年之差。本哥爾的著作散佈於基督教界，普及德國各地，甚至在他死後仍繼續風行。還有一些早年遷居俄國的德國信徒，亦將基督復臨的信仰在俄國的德人教會中保留至今日。

　　基督復臨的真光也曾照耀在法國和瑞士。在日內瓦有一個名叫高生的傳道人，原本相信歐洲流行的唯理主義，後來研究但以理書的預言，參照歷史家的記載，證實預言準確應驗，便接受了基督復臨已近的信仰。他採用昔日法勒爾在日內瓦傳道的方法，先從一般兒童著手，希望藉著他們引起父母的興趣。高生的努力得到成功的果效，他的教堂中坐滿了各階層的聽眾，使這信息傳遍各地。在他傳道不久，便被教會以「不用教會出版的《教義問答》，卻以聖經教訓青年人」的罪名撤職。後來他在神學院裏擔任教職，並在星期日繼續向兒童教導聖經。他的著作也很引人注意。他從多方面的工作中，發揮了強大的感化力，成為上帝有力的工具，喚起許多人研究救主復臨的預言。

　　在斯堪地那維亞也有人傳揚救主復臨的信息，喚醒了許多人認清自己的罪惡，奉基督的名祈求赦免。雖然傳道的人被下在裏裡，但上帝卻藉著小孩子的口，將這信息傳給人。既是尚未成年的兒童，國家的法律就不能禁止他們傳講真理。這運動大都是在低層社會中展開，這一班少年傳道士大半是窮苦的孩子，其中有些兒童的年齡還不到六歲或八歲。當他們站在眾人面前講道的時候，聲調和態度都改變了，並能引用經句斥責罪惡。許多人因此以新的興趣去查考聖經，引領許多不節制和不道德的人悔改歸正。救主復臨的喜訊因此傳開。

　　在美國傳揚這警告的，有威廉米勒耳和他的同工。後來美國

成為復臨運動的中心。世界上有人傳福音的地方，都有基督快要再來的喜訊傳開。那似乎指明基督要在一八四四年春天復臨的預言，深深地影響人心，並傳遍各省各州。有一些傳道人捨棄薪俸和原來的教會，來聯合傳揚這信息，但大半的工作乃是由卑微的平信徒擔負起來。雖然有撒但作對，這工作依然穩步前進。這個信息無論在何處宣揚，總是使多人感動。藉著聖靈的能力，聖經的見證深入人心，使人折服。許多人懷著悔改和謙卑的心來尋求上帝，大家都衷心地認罪，為自己至親至愛之人的得救問題徹夜熱切祈禱。各色各樣的人都蜂擁參赴復臨運動的聚會，在這些聚會中彷彿有聖天使蒞臨，許多男女老幼都感覺到上帝的能力，就歡喜加入信徒的行列。

基督復臨時日的宣告，也招來了各種阻力，包括講台上的傳道人，到最大膽的罪人（羅馬教皇），都起來反對。這些人就像基督第一次降臨時的猶太人一樣，沒有預備迎接耶穌，並且譏誚那些等候基督復臨的人。那些自稱為上帝子民的人，竟不盼望祂的顯現。拒絕復臨信仰的人最慣用的論據，就是「沒有人知道那日子和那時辰」。但耶穌亦說道：「你們看見這一切的事，也該知道人子近了，正在門口了。」註[3]祂又進一步教訓人說我們若不顧警告或不肯注意祂的復臨已近，就如挪亞的日子人不曉得洪水來時的情形一樣，置身於危險而不自覺。祂說：「所以你們要儆醒，……主人來到，看見他這樣行，那僕人就有福了。」註[4]「若不儆醒，我必臨到你那裏如同賊一樣。我幾時臨到，你也絕不能知道。」註[5]使徒保羅亦說：「主的日子來到，好像夜間的賊一樣。」註[6]可見聖經並沒有給人藉口對基督復臨已近的事保持無知的態度。許多自稱為宗教教師的人置身在眾人與真理之間，用曲解聖經的方法攔阻別人進天國。凡自行查考聖經的人，必能看出復臨的信息與聖經並不相違。有些人受弟兄的逼迫便不

再宣講這信息，但亦有不少人為這復臨的信仰被逐出教會。當各教會拒絕這真光時，天使便憂愁地轉身離開了。還有許多人尚未因復臨的真理受考驗，上帝就命令天使忠心看守這些人，因為還有另一道亮光要照射在他們身上。

那些已經接受這信息的人心裏懷著說不出的渴望，儆醒等候救主降臨。他們一心與上帝交通，預嘗在天國的平安。凡經歷過這種盼望和信靠上帝的人，都不會忘記這段寶貴的等待時期。忠實的信徒不斷地省察己心，懇切地堅定信仰，並倚賴基督贖罪的寶血洗淨一切罪污。上帝原是要試驗祂的子民，在他們算錯預言時期的時候，祂的手掩蓋了那個錯誤，復臨信徒和反對的人都沒有查覺到這個錯誤。這些人只說：「等時候到了，將要發生大事，這大事乃是指全世界的悔改，而不是米勒耳先生所預告的基督的復臨。」

所期待的時辰過去了，基督並無顯現來拯救祂的子民。這些忠心守候的人經歷了一場最痛苦的失望。然而上帝的旨意正在實行，祂要以此試驗他們的心。基督和眾天使以慈愛和同情之心，垂顧那些受試煉而保守信仰的人，並掩護他們脫離撒但的毒箭。

【註1】啟14：6、7　　　【註2】帖後2：3　　　【註3】太24：33
【註4】太24：42、46　　【註5】啟3：3　　　　【註6】帖前5：2

21 拒絕真理的後果

因為上帝救眾人的恩典，已經顯明出來，教訓我們除去不敬虔的心，和世俗的情慾，在今世自守、公義、敬虔度日，等候所盼望的福，並等候至大的上帝，和我們救主耶穌基督的榮耀顯現。（多2：11－13）

　　威廉米勒耳和同工們傳揚復臨信息，是要喚醒眾人準備面對審判的大日。他們設法使基督徒看到教會的真盼望，並知道自己需要更深刻的基督徒經驗，亦要使那些未曾悔改信主的人，立即悔改歸向上帝。他們沒有叫人加入任何宗派，也沒有干涉各團體的組織或管理。米勒耳說：「我的唯一宗旨乃是要引領人歸向上帝，警告世人關於將來的審判，並勸戒我的同胞務要作心靈方面的準備，以便安然迎見上帝。」他的工作既有利於各教會的發展，故曾博得他們的好感。後來一般傳道人和宗教領袖不肯接受基督復臨的道理，就在講台上反對和攔阻教友參赴這方面的聚會，甚至不得在教會談論他們的指望。凡相信這真理的人便處於非常的考驗與困惑之中。當他們看到自己的教會禁止聖道，又不准他們去查考預言，就覺得應該脫離這團體。在一八四四年夏季退出各教會的人數，約有五萬之多。

　　約在此時，美國的各教會呈現依附世俗的趨勢和真實屬靈生活方面的退化。當時費城一位以編著聖經註釋聞名的巴恩斯，曾

說：「現在再沒有人覺悟自己的罪，再沒有人悔改歸主。而在一般已經信主的人中，也看不到靈性上的長進。……隨著經濟的繁榮，貿易與工業充滿光明遠景，眾人也更注意世俗了。」在同年二月，歐伯林大學的芬尼教授說：「本國各基督教會對道德改革運動所抱的態度不是冷淡，就是敵對。……各教會中普遍地缺乏奮興的精神。現在靈性方面的麻木症幾乎普及各地，……各處的教友都變成了時髦的崇拜者，……他們已經遠離上帝，上帝也離棄他們了。」

凡落在國家、教會或個人身上的屬靈黑暗，絕不是因為上帝任意收回祂的福惠，乃是因為人們疏忽或拒絕上帝所賜的亮光。猶太人的歷史便是最有力的例證。他們因沉溺於世俗而遠離上帝和祂的聖言，所以心思被情慾所腐蝕，理性亦變為黑暗。他們對彌賽亞的來臨一無所知而拒絕了救贖主。那些拒絕真理的人「以暗為光，以光為暗。」直到在心裏的光變成黑暗。猶太人拒絕福音之後，依然固守古代的儀文，閉關自守地保持狹隘的民族主義。他們不願讓人研究但以理書上的預言所示的救主降臨和祂的死，拉比們甚至咒詛一切嘗試計算彌賽亞降臨之時日的人。以色列民頑梗不化，自古至今，依然漠視救恩的邀請。他們的歷史浩劫成為世人的鑑戒。凡執意昧著良心不願履行本分的人，終必失去分辨真理與謬論的能力。教會若拒絕或輕視上帝的真理，就必被黑暗所籠罩，使教友的信心和愛心化為冷淡，並且更世俗化、更與上帝隔絕了。

啟示錄第十四章第一位天使的信息，乃是要上帝的子民脫離世界的腐化，並喚醒他們改正自己世俗化和靈性退化的弊端。如果他們願意接受這信息，虛心來到主前，教會必有聖靈的能力充滿而呈現使徒時代的團結一致，達到基督所祈求的合而為一。可惜一般教會沒有接受這警告，許多傳道人對復臨真理心生偏見

而不信，乃因為這信息多由平信徒傳揚。牧師們勸人不要研究預言，並聲稱預言書是封閉不能明白的，許多信徒就聽從了牧師的話。另有一些人雖明白真理，卻不敢承認，唯恐被逐出教會。上帝所用來試驗並潔淨教會的信息，果然明確地顯出誰是屬世的和誰是走向天國的。這些人拒絕了第一位天使的警告，也就是拒絕恢復他們靈性的方法，並選擇追求與世俗為友。此乃一八四四年各教會的情形。

在啟示錄第十四章第二位天使的警告是：「叫萬民喝邪淫大怒之酒的巴比倫大城傾倒了！傾倒了！」[註1]「巴比倫」一詞是從「巴別」而來的，形容「混亂」之意。聖經用這名詞代表各種虛假或叛道的宗教。啟示錄第十七章以婦人代表巴比倫，聖經中常以貞潔的婦人代表純潔的教會，淫亂的婦人代表叛道的教會。聖經中又用婚姻來形容基督與教會之間神聖不變的關係。教會轉離基督，讓世俗充滿內心，就如犯了破壞婚姻契約的罪一樣。

啟示錄第十七章形容婦人所代表的巴比倫：「那女人穿著紫色和朱紅色的衣服，用金子寶石珍珠為妝飾；手拿金杯，杯中盛滿了可憎之物，……在她額上有名寫著説：『奧祕哉！大巴比倫，作世上的淫婦和一切可憎之物的母。』……我又看見那女人喝醉了聖徒的血，和為耶穌作見證之人的血。」[註2]這裡所指的女人乃描述那高傲的羅馬教皇，而她對基督徒的殘酷逼迫亦應驗「喝醉了聖徒的血」這一句話。第二位天使宣佈巴比倫傾倒的信息，不單指羅馬教會，也是指在末世所有自純潔變成腐敗的教會。現今有許多改正教會正步著羅馬教會的後塵，與屬世政權勾結。他們都聲稱自己的信仰是以聖經為根據，但分門別派之多，無法計算，正有「巴比倫」混亂之情形。

有一本羅馬教廷的刊物寫道：「如果説羅馬教會拜聖像算是有罪的話，那麼她的女兒，就是英國國教，也犯了同樣的罪，因

為她奉獻給馬利亞的教堂比奉獻給基督的要多出十倍。」長老會葛特利博士寫道：「三百年前，本教會曾以一部敞開的聖經為標幟，並以查考聖經為口號，走出羅馬教的門。……但我們是否已經完全脫離了巴比倫呢？」英國的著名佈道家司布真說：「我確知英國的心臟肺腑已經被可憎的無神主義所滲透了，而這種無神主義竟敢登上講台宣稱自己是基督教。」大叛教的起因來自教會效法異教的作為，為了使異教徒更容易接受基督教，結果讓異教的洪流湧入教會。成群的人表面上信奉基督教，但依然在暗中敬拜異教的偶像。

如今在基督教界中一般的教會已經嚴重地偏離聖經所提的謙卑、克己和虔誠的標準。約翰衛斯理勸勉道：「不要為滿足今生的驕傲或博得世人的讚揚而花費金錢。……寧可以上帝所賜的尊榮為滿足。」社會上最流行的是口頭上的宗教信仰。教會既有達官貴人加入，便能得到他們財富和勢力的支持，促進屬世的利益，但在不知不覺中，依附了時代的潮流。在這種貪愛世俗和追求宴樂的潮流中，克己和犧牲的精神盡失，教會被效法世界的精神所侵襲。巴比倫的大罪是「叫萬民喝邪淫大怒之酒。」這酒象徵謬道。她讓「與世俗為友」腐蝕了她的信仰，便散播許多與聖經相抵觸的假道，產生了腐化的影響。今日的教會豈不又將信仰建立在教條上而不是在聖經上嗎？還有一些學者和傳道人出來排斥聖經的教訓，使許多尋求真理的人偏離正路。

第二位天使的信息在一八四四年夏季傳開，而且對當時美國的各教會最為適用，因為那是審判警告宣傳最廣而又被最多人拒絕的地方，又是教會退化最迅速之處。但這第二位天使的信息在一八四四年還未全面的應驗，叛道的工作還未達到最高峰。聖經在帖撒羅尼迦後書第二章說明在救主復臨之前，撒但要「行各樣的異能神蹟，和一切虛假的奇事，並且……行各樣出於不義的詭

詐；……故此，上帝就給他們一個生發錯誤的心，叫他們信從虛謊。」[註3] 及至各教會發展到這個地步，而教會與世俗的聯合在基督教界全面實現之後，巴比倫的傾倒才算完全。組成巴比倫的各教會雖然遠離上帝，但仍有許多真信徒在其中渴望得到更清楚的亮光。時候將到，那些愛上帝的人不能再與愛世俗的人為伍。那時，留在巴比倫的上帝子民要聽見祂的呼召，叫他們與巴比倫斷絕關係。這乃是那將要傳給世界的最後信息。

【註1】啟14：8　　　【註2】啟17：4－6　　　【註3】帖後2：9－11

22 預言的應驗

你卻要對他們說:「日子臨近,一切的異象都必應驗。」……我耶和華說話,所說的必定成就,不再耽延。 (結12:23、25)

一八四四年春季,復臨信徒第一次指望救主降臨的時辰過去之後,他們一度被困於懷疑和徬徨之中。世人認定他們是完全失敗,但他們仍從聖經中找到安慰。許多人繼續研究聖經,重新查驗信仰的根據,仔細鑽研預言,為要得著進一步的亮光。聖經中顯示的預兆都證明基督復臨的日子已近,況且有許多罪人悔改,有許多基督徒屬靈奮興,皆證明這一個信息是從天而來的。雖然無法解釋失望的原因,但他們相信這一段經驗乃出自上帝的引領。

從這段預言中,他們得到鼓勵:「他對我說,將這默示明明地寫在版上,使讀的人容易讀。因為這默示有一定的日期,快要應驗,並不虛謊。雖然遲延,還要等候;因為必然臨到,不再遲延。」註1早在一八四二年,有一位傳道人斐奇查理設計了一幅預言圖表,說明但以理書和啟示錄的異象。在這圖表出版後,許多信徒都相信這是應驗了哈巴谷先知的預言,但沒有注意到預言中所指的遲延時期,亦是一段等待的時期。在大失望之時,這段話就成為鼓勵和希望的勉言,使那些等候主的信徒得到安慰。

在馬太福音第二十五章十個童女的比喻,說明了復臨信徒的

120

經歷。基督在第二十四章告訴門徒，從祂第一次降臨到第二次降臨中間會發生各種大事。然後祂談到有兩等僕人等待祂的降臨，隨即用中東地區的婚禮來形容末期教會的經驗。祂說：「那時，天國好比十個童女，拿著燈，出去迎接新郎。其中有五個是愚拙的，五個是聰明的。愚拙的拿著燈，卻不預備油；聰明的拿著燈，又預備油在器皿裏。新郎遲延的時候，她們都打盹睡著了。半夜有人喊著說：『新郎來了，你們出來迎接他！』」註2新郎的到來預表基督復臨，童女出來迎接，代表因復臨信息而展開的改革運動。這比喻中的兩等人都拿著燈，就是聖經。油是代表聖靈的能力，能使聖經成為腳前的燈和路上的光。聰明的人誠心查考聖經，明白真理，對上帝和祂的話具有實在的信心。愚拙的人並沒有徹底追求真理，亦沒有聖靈在心中作工，只是倚賴他人的信仰或出於情感的衝動，沒有做好迎接主的準備。及至考驗臨到，他們的信心便支持不住，燈火也就暗淡無光了。

　　這比喻提到新郎的遲延，代表著信徒遭遇失望的那段徬徨時期。在考驗的黑夜裏，基督徒守候時不免會打盹睡著，或是熱誠減退。各人或站立或跌倒，全在乎信仰是否建立在磐石上。約在此時，狂熱之風開始發作。一些曾經熱心相信基督復臨的人聲稱自己受了聖靈的直接引領，結果卻被自己的情緒、感覺和幻想所支配。另一些人則以盲目而偏激的熱忱，排斥與他們不同見解的人。撒但竭力地利用他們反對和破壞上帝的工作，驅使他們走向極端，讓復臨運動的信徒和信仰顯得可憎。每逢上帝努力救人的時候，撒但也必活躍起來。在每一次的奮興中，撒但總要把一些內心不聖潔、思想不穩健的人帶進來，使他們傳出一些迷惑人的理論。邪惡之君必要步步與上帝的子民為難，在教會的歷史中，沒有一次改革運動不是冒著阻礙前進的。在使徒保羅時代如此，在路德時代亦如此，而在復臨運動時期也一樣。撒但利用狂熱派

試圖摧毀和打擊教會。

米勒耳清楚地指出：「凡不使我們在今生自守、公義、敬虔度日的靈，就不是基督的靈。邪惡的靈必使我們遠離真理；而上帝的靈能引領我們明白真理。聖靈和聖經必然是一致的。如果一個人用聖經來審查自己，發現能與全部聖經協調，就可確信自己擁有真理；倘若發現引領他的靈與聖經或上帝的律法不能符合，就應謹慎自己的腳步，唯恐陷入魔鬼的網羅。」只要上帝的百姓從睡夢中儆醒，誠懇地悔改；只要他們查考聖經，學習在耶穌裡的真裏；只要他們完全獻身，就必看見許多撒但迷惑人的現象。

這些狂熱和分裂的現象是在一八四四年的夏季，正值復臨信徒對自己真實境遇惶恐時才出現的。他們原先以為「二千三百日」是在一八四四年春季結束，後來發現亞達薛西王重建耶路撒冷的命令，是在公元前四百五十七年秋季發出，所以二千三百年後應在一八四四年秋季結束。還有以舊約聖經的預表為根據的論據，確定「潔淨聖所」之禮是在秋季舉行。逾越節宰殺羔羊，乃是預表基督捨命；而在逾越節期內所獻的初熟莊稼則預表基督的復活。在猶太曆的正月十四日，基督和門徒吃逾越節的筵席，就設立了聖餐禮，這禮節將要記念祂的死。在同一晚上，主被捉拿，並釘死在十字架上。又在第三天復活，「成為睡了之人初熟的果子。」註3 按照摩西律法，潔淨聖所或贖罪大日，是在猶太曆的七月初十日。那時，大祭司為全以色列行了贖罪之禮，並藉此把他們的罪從聖所裏挪去，就出來為百姓祝福。所以他們認為七月初十日的贖罪大日，即潔淨聖所的時候，也就是公元一八四四年十月二十二日，被他們定為救主復臨的日子。

在馬太福音第二十五章的比喻中，緊接著等待和睡覺的時期便是新郎的來臨。於是有成千的信徒宣傳這「半夜的呼聲」。這個運動像潮水般的掃蕩全地，直到喚醒一切等候基督的人為止。

信徒的疑慮已被解除，他們恆切祈禱，深刻自省，認罪悔改，放棄世俗，全然獻身給主。等待新郎的人一聽見新郎來了，便「起來收拾燈」。他們以空前的熱誠研究聖經，還有天使奉命喚醒那些已經灰心的人，預備他們去接受這信息。最先聽見而響應上帝呼召的人，乃是一班最謙卑和忠誠的人，放下一切，歡喜流淚地出去宣揚警告。那些先前領導聖工的人反倒是最後加入這運動的。一般的教會拒絕接受這信息，於是有許多人退出這些教會。這些信徒以強大的信心等候著，他們的心團結一致，時常在一起彼此代禱，又常聚集與上帝交通，渴望看見他們所愛的主。

但他們又再度失望了。等候的時期已過，救主卻沒有顯現。有許多人在失望中放棄了信仰，也有一些人在嘲笑聲中感到無顏見人。他們像約拿一樣埋怨上帝，向祂求死。那些捨棄一切的信徒，必須重新負起日常生活的重擔，忍受別人的譏諷，這是何等艱苦的考驗啊！回想當日門徒們的失望是多麼悲慘和沉重，如果在事前門徒知道基督的命運是步向死亡，那麼他們就不可能相信這預言。同樣地，如果這班復臨信徒事先知道要經歷的失望，就不會如此熱心地宣揚復臨的信息了。可見第一和第二位天使的信息是在預定的時候傳開的，並且成就了上帝的旨意。

雖然基督沒有回來，許多人灰心而放棄信仰。但仍有一些人堅立不移，依然不放棄這信息。他們不敢否定聖靈的大能所作的見證，也查不出計算預言的錯誤。但這並不足以動搖他們對聖經的信心。他們說：「這個警告已經試驗了每一個聽見這信息之人的心，……考驗他們的信心，……是否能放棄這世界，篤信上帝的聖言。」米勒耳亦說：「我雖然兩次失望，但我仍不灰心，也不喪志。……如果我錯了，那麼我是錯在愛心的一邊——愛我的同胞，並向上帝盡責。」

上帝沒有丟棄祂的子民，祂的靈仍與他們同在。正如使徒所

説的：「所以你們不可丟棄勇敢的心，存這樣的心必得大賞賜。你們必須忍耐，使你們行完了上帝的旨意，就可以得著所應許的。『因為還有一點點時候，那要來的就來，並不遲延。只是義人必因信得生。』」^{註4}這時他們經歷過失望的悲傷，只能繼續查考聖經，忍耐等候更進一步的亮光。

【註1】哈2：2、3　　　【註2】太25：1－6　　　【註3】林前15：20
【註4】來10：35－38

23 潔淨聖所

因為基督並不是進了人手所造的聖所（這不過是真聖所的影像），乃是進了天堂，如今為我們顯在上帝面前。（來9：24）

「到二千三百日，聖所就必潔淨。」[註1]這經文乃是復臨運動之信仰根基和柱石。他們認定地球就是聖所，而潔淨聖所指的是末日基督復臨時用火潔淨全地的事，並相信這事要在一八四四年秋季應驗。但預定的時日過去了，主並沒有降臨。信徒們相信上帝的話是永不落空的，必是他們對於預言的解釋有了誤解，但錯誤究竟在那裏呢？有些人不肯探討錯誤的癥結何在，索性就否認預言是在一八四四年結束。按照先前的計算方法，從公元前四百五十七年秋季亞達薛西王命令重建耶路撒冷時開始，到公元二十七年基督受洗被聖靈恩膏時，正是四百八十三年，應驗了六十九個七。在第七十個七的一半，基督被釘死於十字架上，正是公元三十一年春。到七十個七期滿時，就是公元三十四年春，猶太人執意拒絕基督，迫害祂的門徒，於是門徒轉向外邦人傳福音。為猶太人特定的四百九十年恩典時期亦就此終止。那二千三百年剩下的一千八百一十年，從公元三十四年加上一千八百一十年，就算到公元一八四四年為預言全部應驗之時候。既然算法沒有錯誤，為何沒有看到什麼事發生來應驗「潔淨聖所」的預言呢？

雖然有許多人否定並放棄復臨的信仰，但仍有一班人堅守這真理，繼續研究聖經。他們懇切地祈禱，檢討自己的立場，要從聖經中找出錯在那裏。既然找不出計算的錯誤，在聖靈的引導之下，便對聖所的題目更詳盡的查考。他們果然發現聖經中並無憑據支持地球是聖所的說法。使徒保羅在希伯來書中提到的聖所就是摩西奉上帝命令所建造的聖幕，作為上帝在地上的居所。當以色列人在曠野旅行時，聖所的構造是輕便而易於移動的，但它仍是十分華麗的建築物。聖幕分為兩層——聖所和至聖所，中間以一道華麗的幔子隔開。

在聖所裡，南面有燈台，七盞燈晝夜照亮著聖所，北面有陳設餅的桌子擺著。與至聖所相隔的幔子前有金香壇，煙雲繚繞，與以色列人的祈禱天天升到上帝面前。在至聖所裏有約櫃，是用精金和皂莢木製成的，其中藏有上帝親手刻的十條誡命之石版。約櫃上蓋著施恩寶座，並有兩位天使安置在施恩座的兩邊，上帝常在天使之間的榮耀雲彩中顯現。及至希伯來人在迦南地安居立業之後，所羅門建造的聖殿仍是按著聖幕的比例而建造的，各種陳設也是相同的。這個聖殿除了在但以理的時代曾被破壞之外，一直都保持著這種格式，直到主後七十年，才被羅馬軍隊毀壞。除此之外，聖經也沒有提到其他地上的聖所。

他們再仔細研究希伯來書，便發現保羅的話中暗示另有一個屬於新約的聖所存在。於是他說：「我們所講的事，其中第一要緊的，就是我們有這樣的大祭司，已經坐在天上至大者寶座的右邊，在聖所，就是真帳幕裏，作執事；這帳幕是主所支的，不是人所支的。」註2在舊約的聖所中有地上的祭司供職，但在新約的聖所中卻有大祭司——基督在上帝右邊服務。這個聖所指的就是天上的聖所，充滿著永恆寶座的榮光。在天上的聖所裏，上帝的寶座是以正義與公平為基礎。在至聖所中有祂的律法，全人

類都要按此受審判。但在約櫃上的施恩座前，基督用祂的寶血為罪人代求。如此就顯出人類的救贖計畫中，有公義和慈愛相輔並濟。在施恩座兩旁侍立的天使，代表著天上的眾天使如何細心關注著救贖的工作。

撒迦利亞先知論到基督為人類中保的工作時說：「祂要建造耶和華的殿，並擔負尊榮，坐在位上，掌王權；又必在位上作祭司，使兩職之間籌定和平。」註3基督作中保的工作乃是憑著祂被壓傷的身體和一個無瑕疵的人生。世人得救贖是以無窮的代價換來的，因此「上帝在基督裏，叫世人與自己和好。」註4那麼就很清楚地看到聖經中的「聖所」，第一是指摩西所建造的聖幕，是天上事物的表號；第二是指天上的「真聖幕」，是地上聖所所預表的；這些預表的崇祀在基督被釘時即廢止了。新約的聖所就是天上的真聖所，而二千三百日預言中所指的聖所，亦是指著天上的聖所而言。

在舊約聖經中提到潔淨聖所的多種禮節，在希伯來書第九章第二十二節寫道：「若不流血，罪就不得赦免了。」不論是地上或天上的聖所，都必須用血去潔淨；前者是用動物的血，後者則用基督的血。罪得赦免就是潔淨工作的目的。供奉的事可分為兩部分：一是祭司每日在聖所中的服務，一是大祭司每年一度在至聖所中執行贖罪的特別工作。平日悔改的罪人帶著祭物到聖所門口認罪，將手按在牲畜頭上，表示將自己的罪移到祭物上，然後把這祭物宰殺了。那代表罪人受死並為擔當他的罪而流出的血，被祭司帶到聖所中，彈在幔前。有時祭司不把血帶到聖所中，但祭物的肉必須由祭司吃掉。這些禮節都預表罪愆從罪人身上轉移到聖所中。

這種工作日復一日地進行著，因此需要一種特別的工作來清除這些罪。一年一度在贖罪日，大祭司要進到至聖所，作潔淨

聖所的工作，將全年的祭祀作一終結。在這日，祭司帶著兩隻公羊到聖所門口，為牠們拈鬮，「一鬮歸與耶和華，一鬮歸與阿撒瀉勒。」[註5]那歸耶和華的羊要被宰殺，作為百姓的贖罪祭。大祭司要把牠的血帶到聖所的幔內，彈在幔子前面的香壇上，也彈在施恩座上面和前面。然後將雙手按在另一隻歸阿撒瀉勒的羊頭上，將一切罪愆歸到羊身上，然後把羊放往曠野去，從此這羊不得再進到以色列人的帳棚中。當這贖罪工作正在進行的時候，每一個人都要放下一切事務，到上帝面前謙卑祈禱、禁食、並省察己心。這些禮儀預表著大祭司如何以中保的身分把罪負在自己身上，然後帶出去，使罪永遠與百姓隔絕。

地上聖所各種表號的崇祀，在天上聖所中都要真實執行。基督升天之後就成為我們的大祭司，在天父面前用自己的血為罪人代求，同時也將自己公義的馨香和悔改之人的祈禱一同獻到天父面前。這就是天上第一層聖所裏的工作，而基督執行這種贖罪的工作有一千八百多年之久。正如地上聖所在一年結束時，有潔淨聖所的工作；照樣，基督在完成救贖大工之前，亦要進行除罪的工作。這也就是在「二千三百日」結束時所指的潔淨聖所。

潔淨地上聖所的工作必須清除那污穢聖所的罪；同樣地，那潔淨天上聖所的工作也必除去那記錄在聖所裏的罪。但在完成這事之前，必有一番審查記錄冊的工作，以便決定誰是因悔改信基督而蒙救贖的人。由此看來，潔淨聖所的工作包括審查案卷，也就是審判的工作，而且必須在基督復臨之前完成。研究這聖所道理的人，到此才恍然大悟，明白「二千三百日」結束的一八四四年，不是指基督復臨，乃是指基督進入天上的至聖所去執行贖罪的最後工作，並準備復臨。此外他們也看出，贖罪的祭物預表基督的犧牲，大祭司預表基督作中保，而歸於阿撒瀉勒的羊則預表撒但。當基督憑自己的寶血將百姓的罪從天上的聖所移

出時，祂便將罪卸在撒但身上。在執行審判的時候，撒但也必從上帝和祂的子民面前被趕逐出去，而在罪惡與犯罪之人的最後毀滅中永遠消失。

【註1】但8：14　　　　【註2】來8：1、2　　　　【註3】亞6：13
【註4】林後5：19　　　【註5】利16：8

24 作中保的耶穌基督

我們既然有一位已經升入高天尊榮的大祭司，就是上帝的兒子耶穌，便當持定所承認的道。（來4：14）

聖所的研究乃是一把鑰匙，開啟了一八四四年失望的奧祕。它使人看出一部有系統而彼此關聯和互相符合的真理，顯明上帝引領著這偉大的復臨運動，並且指出上帝子民的本分。從前主的門徒在經過失望和沮喪之後，看見主就得歡欣鼓舞。同樣地，這班復臨信徒在至聖所的道理中又見到主了。從聖所發出來的亮光照明了過去、現今、與未來。正如早期的門徒一樣，雖然不完全了解所傳的信息，但這信息仍是正確的。他們在宣揚這信息時，已經實現了上帝的旨意，他們的勞苦亦不是徒然的。

二千三百日潔淨聖所的預言，以及第一位天使所論審判已到的信息，都是指著基督在至聖所中的服務和查案審判的工作，而不是指祂再次復臨之事。他們對於預言時期的計算沒有差錯，只是誤解了所要發生的事。正在他們失望憂傷之際，信息中所預言的事卻實現了。基督已經來了，但不是照著他們所希望的來到地上，乃是按照表號所預指的進入天上的至聖所中。先知瑪拉基說：「你們所尋求的主，必忽然進入祂的殿；立約的使者，就是你們所仰慕的，快要來到。」[註1]主來到祂的殿中是忽然的，出乎祂的子民意料之外，因為他們沒有想到祂會在那裏出現，一般的信徒尚未預備好迎接救主。還有一番預備的工作要為他們成

就，有亮光要賜給他們，將他們的心意指引到天上的聖所中，必有新的本分顯示出來，還有一個警告與信息要傳給教會。

當基督在天上聖所中進行查案審判的時候，也就是已悔改信徒的罪要從天上聖所被除的時候，上帝在地上的子民亦要進行一番潔淨和除罪的工作。藉著上帝的恩典和他們自己的努力，與罪惡搏鬥並得勝。這種工作完成之後，他們就準備好等候主的來臨。到那日，主要接去的教會必是一個「榮耀的教會」。

在一八四四年的夏季秋季，發出了「新郎來了」的呼聲。聰明的童女代表那些預備好迎接新郎的人，而愚拙的童女代表那些出於畏懼之心或感情衝動未曾真正預備迎接新郎的人。新郎的來臨是在舉行婚禮之前，這婚禮是代表基督承受祂國度的事。新婦是代表聖城耶路撒冷，那迎接新郎的童女，則代表教會。啟示錄第十九章第九節稱上帝的子民為婚筵中的賓客。這「新郎來了」的呼聲，引動了千萬人盼望主的復臨。但新郎並不是到地上來，乃是在天上舉行婚禮，接受祂的國度。基督的信徒不是親身去參加婚禮，仍要在地上「等候主人從婚姻的筵席上回來。」[註2]比喻中說明那些參加婚禮的人都是提著燈，並在器皿中預備好油，這些是擁有聖經知識、聖靈和上帝恩惠的人。他們憑著信心跟隨祂進到上帝面前。在這種形式之下，他們可以說是去參加婚禮了。

在馬太福音第二十二章，也提到相似的婚姻比喻，而且說明查案審判是在婚禮之前舉行的。第11節提及在婚禮之前，王進來觀看賓客，要看他們是否穿著喜筵的禮服，是否具有在羔羊血中洗淨的純真品格。凡沒有穿這禮服的人必被趕逐出去，但那些身穿禮服的人必蒙上帝悅納，與主一同承受榮耀的國。這種審查品格，並決定誰能進入上帝國的工作，就是查案審判，也就是天上聖所中最後的工作。查案工作結束後，試驗的時期便要結束，

恩典的門也就關閉了。

當基督進入至聖所執行最後贖罪工作時，祂就停止了在第一層聖所中的職務，進入第二段的中保工作，但仍在天父面前為罪人獻上自己的寶血。在查考聖所道理的時候，信徒得到更清楚的亮光。一八四四年以來，罪人進到上帝面前的恩典之門，這時雖已關閉，但另有一扇門敞開了，就是藉著基督在至聖所中為罪人作中保，有赦罪的恩典賜給世人。而且祂說：「看哪，我在你面前給你一個敞開的門，是無人能關的。」註3凡本著信心仰望祂贖罪工作的人，才能領受祂作中保的幫助。猶太人因拒絕基督第一次降臨的真光，不肯接受祂為救主，便永遠留在黑暗之中。對他們來說，通往上帝面前的門是關著的，無法得到基督為中保的幫助。人若拒絕上帝，必不能逃罪。正如挪亞時代的人，既然拒絕上帝發給他們的警告，就在洪水中滅亡。亞伯拉罕時代，所多瑪城的居民亦不聽上帝的警告，結果除了羅得一家之外，全城都被天上降下的火燒滅。

基督現今還在為人類代求，祂要賜亮光給尋求祂的人。一八四四年的定期已過，復臨信徒仍面臨著嚴重的考驗。他們唯一的安慰，就是天上聖所的亮光。有一些人將預言的誤解和復臨運動歸之於撒但的作為，但還有一等人卻堅信一切乃出於主的引導，因此他們等待、儆醒、祈求，要明白上帝的旨意。結果他們要看到教會最後的工作，更清楚地了解第一和第二位天使的信息，並且預備好接受啟示錄第十四章第三位天使的警告，並將它傳給世人。

【註1】瑪3：1　　　　　【註2】路12：36　　　　　【註3】啟3：8

25 預言中的美國

誰是智慧人？可以明白這些事；誰是通達人？可以知道這一切。因為耶和華的道是正直的，義人必在其中行走，罪人卻在其上跌倒。(何14：9)

　　上帝的約櫃安放在聖所的第二層，也就是至聖所中。只有在贖罪日，才能打開第二層聖所，執行潔淨聖所之禮。當約翰宣布：「上帝天上的殿開了，在他殿中現出他的約櫃。」[1]他指的是在一八四四年基督在天上進到至聖所去執行贖罪的最後工作。他們從研究聖所的主題中，看到基督成為大祭司，在約櫃之前用自己的寶血為罪人代求。在地上聖所的約櫃藏有刻著十條誡命的兩塊石版，在天上聖所中亦藏有上帝律法的正本。上帝的律法既是祂旨意的啟示，是祂品德的寫真，就必存到永遠。上帝並沒有取消誡命中的任何一條，也沒有廢掉其中的一點一畫。

　　正如當初頒佈律法的時候一樣，第四條誡命依然是十誡的中心：「當記念安息日，守為聖日。六日要勞碌做你一切的工，但第七日是向耶和華你上帝當守的安息日。這一日你和你的兒女、僕婢、牲畜、並你城裏寄居的客旅，無論何工都不可作；因為六日之內，耶和華造天、地、海，和其中的萬物，第七日便安息。所以耶和華賜福與安息日，定為聖日。」[2]上帝的靈感動了那些研究聖經之人的心，使他們覺悟自己過去一直忽視創造主的安息日，而干犯了這條誡命。他們既看到自己的錯誤，便滿心

憂傷，並立即開始遵守主的安息日以表明忠誠。敵人曾多次努力要推翻他們的信仰，想關閉上帝所開啟的門，但凡是上帝所建立的，無人能推翻。主說：「看哪，我在你面前給你一個敞開的門，是無人能關的。」註3基督已經開了至聖所的門，開始在那裏工作，亦有亮光從這門中照射出來，顯明第四條誡命仍然列在至聖所的律法中。

啟示錄第十四章的信息乃是一個三重的警告，為要預備地上的居民迎見主的復臨。在一八四四年開始的審判工作必須繼續下去，直到死人和活人的一切案件都確定為止。這樣看來，這審判工作必要延續到人類的寬容時期結束為止。三天使警告中提到「聖徒的忍耐就在此；他們是守上帝誡命，和耶穌真道的。」註4可見人若要預備面對審判，就必須遵守上帝的律法。這律法將要在審判之日作為衡量世人品格的標準。人若不順從上帝的誡命，他的敬拜就不能蒙上帝的喜悅。

「我們遵守上帝的誡命，這就是愛祂了。」註5人應當敬拜上帝的理由，乃是因為祂是創造主，而且所有的眾生都因祂而存在。「你們當曉得耶和華是上帝！我們是祂造的，也是屬祂的。」註6在啟示錄第十四章中，天使呼喚人要敬拜創造主，因為耶和華說：「這日在我與你們中間為證據，使你們知道我是耶和華你們的上帝。」註7因此安息日乃是神聖敬拜的真基礎。上帝之所以在伊甸園裏就制定安息日，乃是要人類時刻謹記與創造主之間永存的關係。

第三位天使又提出另一等人作為對照，並發出莊嚴而可畏的警告：「若有人拜獸和獸像，在額上，或在手上，受了印記，這人也必喝上帝大怒的酒。」註8這一段預言中的表號：獸、獸像、印記等記載在啟示錄第十二和十三章裏。第十二章所提到的龍是指撒但，就是在基督降生時要毀滅祂的龍。後來在基督教初

期的兩百年中，撒但利用羅馬帝國來打擊基督和祂的子民。所以龍亦代表信奉異教的羅馬國。

第十三章裡形容另一個獸，「形狀像豹，⋯⋯那龍將自己的能力、座位，和大權柄，都給了他。」大多數的改正教都相信這個表號是代表羅馬教皇，因為他承襲了古羅馬帝國的能力、寶座和權柄。先知又說這個形狀像豹的獸「開口向上帝說褻瀆的話，褻瀆上帝的名，並祂的帳幕，以及那些住在天上的。又任憑他與聖徒爭戰，並且得勝；也把權柄賜給他，制服各族各民各方各國。」先知又說：「我看見獸的七頭中，有一個似乎是受了死傷。」也提及：「又有權柄賜給他，可以任意而行四十二個月。」註9 這四十二個月是指但以理書第七章的「一載，二載，半載，」即三年半，或一千二百六十日，亦是指教皇掌權欺壓上帝子民的時期。這段時期從公元五三八年教皇興起，直到一七九八年教皇被法國軍隊擄去為止。他的權勢「似乎受了死傷」，應驗了「擄掠人的必被擄掠」的預言。註10

預言中亦提出另一個表號：「我又看見另有一個獸從地中上來，有兩角如同羊羔。」註11 這一個獸的形狀和興起的方式，都說明牠代表的國家與先前預言中的國家不同。但以理先知曾提過代表四大猛獸的幾個大帝國興起時的戰爭和叛亂，但這個兩角像羊羔的獸，卻是在從沒有人佔領過的疆土上和平地成長起來的，她是公元一七九八年在新大陸出現的國家，也就是美利堅合眾國。有一位著名的作家形容美國的興起，他說：「她從荒涼之地神祕地出現」「我國好像一粒無聲無息的種子，生長成為一個大國。」

這獸如同羊羔的兩角象徵著青春、純潔與柔和。那些最先逃往美國的基督徒，是要尋找一個避難所，以便脫離宗教的迫害。因此決定在政治與宗教自由的基礎上建立一個政府。美國的獨立

宣言中聲明「人人皆平等」並賦有不可侵犯之「求生存、求自由和求幸福」的權利。憲法也保障人民有自治權,能以公眾投票,推選代表來制定並執行律法。同時認可人民有宗教信仰的自由,容許人本著良心的指示去敬拜上帝。共和主義與改正教精神便成為美國的基本原則,亦是該國強大和繁榮的關鍵。凡遭到宗教迫害的人都奔赴至此,於是美利堅合眾國興旺成為列強之首。

表號中說這兩角如同羊羔的獸,說話好像龍,表明其主張與行動之間存有矛盾。預言中說牠要「施行頭一個獸所有的權柄,並且叫地和住在地上的人,拜那死傷醫好的頭一個獸。」在此說明這個國家將要強迫人民遵守某一條法令,就是一種敬拜教皇的行為。預言中還說到他們「要給那受刀傷還活著的獸作個像。」什麼是「獸的像」?我們必須研究這個獸本身──羅馬教──的特點。羅馬教教廷制度,是由一個教會來掌控國家的權力,並運用這權力來達成她的目的並制裁「異端」。至於美國之作「獸像」,也必是先由宗教的勢力來操縱政治權柄,然後教會利用政府來達成她的目的。何時教會握有政治權力,就必用來制裁一切不接受她教義的人,要限制眾人的信仰自由。

聖經中提到主來之前,宗教界必要呈現衰微的狀態,正如早期的教會一樣。「有敬虔的外貌,卻背了敬虔的實意」「必有人離棄真道,聽從那引誘人的邪靈,和鬼魔的道理。」撒但要「行各樣的異能神蹟,和一切虛假的奇事,……行各樣出於不義的詭詐。」當教會到了這種地步時,早期教會所遭遇的同一結果便要接踵而至。歷年以來,各教會一直致力於以共同的教義聯合一致,因此只好避免討論某些題目。畢查耳牧師說:「各基督教宗派,不單在各方面表現著懼怕人的心理,同時也在一種根本腐化的氣氛中生活、動作、呼吸著。他們避諱真理而向離道反教的勢力屈膝,這豈不是與天主教發展的過程一樣嗎?」何時美國的主

要基督教會在教義上聯合，便要使政府執行他們的教規，支持他們的制度，如此就為羅馬教教廷作了一個像，結果總不免要向反對的人施行法律的制裁。

這有兩角的獸「他又叫眾人，無論大小貧富、自主的為奴的，都在右手上，或是在額上，受一個印記。除了那受印記、有了獸名，或有獸名數目的，都不得作買賣。」註12第三位天使警告說：「若有人拜獸和獸像，在額上，或在手上，受了印記，這人也必喝上帝大怒的酒。」註13這裏所提到的獸，就是羅馬教廷。「獸像」代表那在各基督教會借助政權來強迫人遵從他們教義時所必形成的離道反教之機構。人人都可以看出拜上帝和拜獸像的人有什麼區別。獸和獸像的特徵，就是破壞上帝的誡命，「必想改變節期，和律法。」註14羅馬教廷唯有藉著改變上帝的律法，才能高抬自己超過上帝。凡明知真相而又遵守這被更改之律法的人，便有效忠教皇代替上帝的記號了。羅馬教廷已將禁止人拜偶像的第二條誡命廢除，又吩咐人遵守七日的第一日來代替第七日為安息日，因此更改了第四條誡命。如此一來，便應驗了先知的預言。

安息日既是上帝創造權能的記號，並說明人當在這日敬拜創造主。但是那些拜獸的人卻要高舉羅馬教廷所制定的星期日為聖日，並利用政治權力強迫人遵守這一日為「主日」。聖經中清楚指出「第七日是向耶和華你上帝當守的安息日。」基督說：「人子也是安息日的主」註15「莫想我來要廢掉律法和先知。我來不是要廢掉，乃是要成全。」註16事實上，一般的改正教會公認聖經中沒有更改安息日的根據。羅馬教徒亦承認更改安息日是他們教會自創的，在羅馬教會的《教義問答》一書中說：「在舊約的時代，星期六是分別為聖的。但教會在耶穌基督的指示和上帝的聖靈引導之下，已經以星期日代替星期六。我們現在便以星期日

聖，而不以第七日為聖，所以星期日就算是主日了。」這樣看來，安息日的更改就成為羅馬教會權柄的證據，也就是「獸的印記」了。

羅馬教徒聲稱：「改正教會之遵守星期日，證明他們是自相矛盾，是向羅馬教會的權威低頭。」美國所發起強迫人守星期日的運動，也就是強迫人拜獸和獸像的運動。在以前各世代中，有許多基督徒以為遵守星期日是聖經中的安息日，亦有許多羅馬教會的真實信徒誠心相信星期日是上帝所設立的安息日。對於這等人，上帝必悅納他們的誠意和正直。但當人用法律來強迫人守星期日，世人看清楚自己對守真安息日的義務之後，那時凡順從羅馬教會權威和條例的人，便是拜獸和獸像，並接受效忠羅馬教會的印記，也就有「獸的印記」了。

第三位天使的警告必須向世人傳揚，使人人得知刑罰的後果，並有機會悔改。預言中提到天使飛在空中大聲宣講，可見這信息勢必引起全世界人類的注意。結果就使基督教界分為兩大陣營：一邊是守上帝誡命和耶穌真道的，一邊是拜獸和獸像並受牠印記的。雖然教會與政府要聯合一致，逼迫眾人接受「獸的印記」，但上帝的子民卻不為所動。「那些勝了獸和獸的像，並他名字數目的人，都站在玻璃海上，拿著上帝的琴，唱上帝僕人摩西的歌、和羔羊的歌。」註17

【註1】啟11：19	【註2】出20：8－11	【註3】啟3：8
【註4】啟14：12	【註5】約壹5：3	【註6】詩100：3
【註7】結20：20	【註8】啟14：9、10	【註9】啟13：2－7
【註10】啟13：10	【註11】啟13：11	【註12】啟13：16、17
【註13】啟14：9、10	【註14】但7：25	【註15】可2：28
【註16】太5：17	【註17】啟15：2、3	

26 最後的改革運動

知道公義、將我訓誨存在心中的民，要聽我言！不要怕人的辱罵，也不要因人的毀謗驚惶。因為蛀蟲必咬他們，好像咬衣服；蟲子必咬他們，如同咬羊絨。唯有我的公義永遠長存，我的救恩直到萬代。（賽51：7、8）

安息日的復興工作必要在末期完成。先知以賽亞說：「謹守安息日而不干犯，禁止己手而不作惡；如此行、如此持守的人，便為有福。」註1遵守第四條誡命的信息要傳遍萬國萬民。在十誡之中，唯有第四條誡命使人看出上帝是創造主。這一條誡命理應受人尊崇，亦要成為上帝律法的印鑑。當安息日被羅馬教皇更改時，這個律法的印鑑便被取銷了。現今耶穌的門徒要奉命高舉第四條誡命的安息日，恢復其應有的地位，作為創造主的紀念日和權威的記號。

主又發出命令，說：「你要大聲喊叫，不可止息；揚起聲來好像吹角，向我百姓說明他們的過犯，向雅各家說明他們的罪惡。」註2有一等人自以為義，表面上顯得非常熱心事奉上帝，心中卻踐踏神聖的律例。先知又說：「你若在安息日掉轉你的腳步，在我聖日不以操作為喜樂，稱安息日為可喜樂的，稱耶和華的聖日為可尊重的；而且尊敬這日，不辦自己的私事，不隨自己的私意，不說自己的私話，你就以耶和華為樂。」註3安息日是

創造主分別為聖的，祂曾在這日安息，並賜福給這日。始祖亞當在犯罪之前還住在伊甸園時，就已遵守安息日。以後的一切先祖們也都遵守這日為聖日。從那時直到今日，第四條誡命的安息日也一直有人忠心遵守。在宗教改革之後的每一世代中，都有人繼續持守安息日，即使遭受辱罵和逼迫，仍不斷為真理作見證。這些真理，在基督復臨的時候必要將主的教會分別出來。這是主來之前的最後一個信息，然後人子就要在榮耀中降臨。

那些領受了這些真光的人，切望將這光分享給他人。可是有許多自稱信主的人，不願與世俗為敵而退後。有人說：「若要遵守安息日，難免使我們和世人不能相容，我們就不能感化他們了。」猶太人也是用同樣的論據，想為自己拒絕基督的行為辯護。有許多人堅稱遵守星期日的敬拜已成為教會的教義和習慣。但是安息日不是出於人的制度或傳統，乃是由亙古常在的上帝所設立的，並由祂永不改變的聖言所命定的。許多人想藉著爭論、詭辯、教父的傳說以及教會的權威來推翻真理。所以上帝揀選了一班卑微的人，以聖經的真理作為唯一的武器來維護第四條誡命的威信。上帝之所以不用有學問和有地位的人去領導宗教改革運動，乃是因為這等人靠賴自己的信條、理論和神學，不覺得需要上帝的教導。唯有那些親自與智慧之源連接的人，才能明瞭和解釋聖經。上帝呼召那些沒有受過多少教育的人去傳揚真理，因為他們能虛心領受上帝的教導，以為上帝工作為榮。

當帖撒羅尼迦的教會對基督復臨的問題有誤解時，使徒保羅勸導他們要用聖經仔細查驗自己所盼望的事。許多復臨信徒認為除非能將復臨信仰寄託在一個確定的日子上，他們就無法殷勤地從事預備的工作。當他們的希望化為泡影時，就必受到沉重的打擊而放棄信仰。他們為基督復臨定出準確日期的次數越多，宣傳越廣，就越合乎撒但的目的。及至定出的日期過後，撒但便發動

眾人去譏諷他們，使整個在一八四三至一八四四年間的復臨運動
受到羞辱。

上帝在復臨運動中引導祂的百姓，正如古時引領以色列民
出埃及一樣。他們若能信賴這一直引導他們的聖手，必能看出上
帝的救恩。以色列人在曠野流浪四十年之久，原非上帝的旨意。
「他們不能進入……是因為不信的緣故了。」[註4]他們因退後和
背道，就老死於曠野，上帝興起另一班人進入應許之地。同樣，
基督復臨竟延了這麼長久，也不是上帝的旨意。他們因自己的不
信而與上帝隔絕了，上帝亦興起別人去傳揚這信息。耶穌憐憫世
人，所以遲遲尚未復臨，乃是要使罪人有機會聽見警告，並在末
日臨到之前悔改。

現今正如以前一樣，傳揚這指責當代罪惡的真理必惹人反
對。許多人要不擇手段去誣蔑那些為真理辯護之人的品格和動
機。歷代以來，凡是效忠真理的人，都被斥為犯上作亂、宣傳異
端或造成分裂的人。聖經明白地說：到了一個時候，國家的法律
要與上帝的律法相衝突，甚至一切順從上帝誡命的人都要受辱罵
和制裁。當以昔日信徒和殉道者為後人留下的忠貞典範，鼓勵現
今蒙召為上帝作見證的人。如今上帝是否也有真光賜給本世代的
僕人呢？若有，他們就應當讓它照耀全世界。主說：「他們或聽
或不聽，你只管將我的話告訴他們。」[註5]「人子啊，我照樣立
你作以色列家守望的人。所以你要聽我口中的話，替我警戒他
們。……你以西結若不開口警戒惡人，使他離開所行的道，這惡
人必死在罪孽之中，我卻要向你討他喪命的罪。」[註6]真心跟從
基督的人，既看出自己的責任，就當毅然接受這個十字架。我們
應該為正義而主持正義，將一切後果交給上帝。現代的改革工
作，也必須由這班有信心和勇敢正義的人去推動。

27 近代的復興

**耶和華如此説:「你們當站在路上察看,訪問古道,
那是善道,便行在其間;這樣,你們心裏必得安
息。」** (耶6:16)

　　無論何處,只要有人忠心傳講上帝的話,就必有效果證明它
是出於上帝。上帝的靈常隨著祂僕人所傳的信息,因此他們的話
帶有權柄,使罪人的良心甦醒。當光照亮他們心靈深處時,一切
隱藏的事就都顯明了,心中便深切地自責,感覺到上帝的公義和
自己的污穢。從髑髏地的十字架所彰顯的無限犧牲,看出惟有藉
著基督寶血的功勞,才能使人脱離罪惡,與上帝和好。他們悔改
的心結出果子,相信並受洗歸主,在基督裏作新造的人,過新的
生活。這些人要跟從主的腳蹤,潔淨自己,反映祂的品德。

　　靈性的復興使人自省自卑,向罪人發出懇切的勸導和關愛之
心。人們可以看到那些歸信基督的人在生活上的改變,社會亦因
此而獲益。這就是上帝聖靈工作的結果。悔改若不能使人徹底的
改變,就不是真正的悔改。近代的復興與過往不同,許多人加入
教會,但是沒有真實地在屬靈生活上增長;一時燃起的火很快就
熄滅了,後來的黑暗反而比先前更深沉。現代一般的復興時常只
是迎合人的幻想,刺激人的感情,滿足人的好奇心。教友無心聆
聽聖經的真理,對先知和使徒的見證亦不感興趣,聖經中的警告
也得不到他們的注意。

每一個經歷真正轉變的人，都要關注上帝和永恆的事。許多人不願捨己背起十字架跟從主，徒有宗教之名，卻無敬虔之實。教會的信心和敬虔雖然普遍衰落，但其中仍有忠實的信徒。在末日的刑罰臨到地上之前，必有真正的復興。上帝的聖靈和能力必要傾降在祂的兒女身上，許多人要離開貪愛世俗的教會，欣然接受偉大的真理。撒但必要發起假復興，以欺騙混淆的手段攔阻聖工。他使人看到好像有上帝特別的恩賜傾注，以為上帝在為他們施行奇事，殊不知這工作是由另一個靈運行，撒但要藉著偽裝擴充勢力。這種工作著重於情感的刺激並把真假道理攙雜在一起，引人步入歧途。

雖然如此，任何人都沒有受欺騙的必要。在上帝聖言的光照之下，我們不難辨明這運動的性質。基督說：「憑著他們的果子，就可以認出他們來。」註1宗教界忽略聖經真理、上帝律法的實質和遵守的本分，造成種種有關重生和成聖的謬論，因而降低了敬虔的標準。柏克教授對此情形形容說：「現今存在的危險，乃是忽略在講台上維護上帝的律法。……律法是上帝完美品德的寫真，不愛律法的人也不會愛福音；因為律法和福音同是反照上帝真品德的鏡子。另外還有一個危險，就是看輕上帝的公義。近代講台上的趨向是將上帝的公義與慈悲分開，並把上帝的慈悲從一個原則說成一種情感。……律法既是良善的，公義自然也是良善的，因為公義乃是執行律法的意向。人們既看輕上帝的律法和公義，並看輕罪惡，……就容易把上帝為罪人所準備救贖的恩典也看輕了。」

許多宗教教師主張基督藉著祂的死將律法廢除，也有人說律法是難負的軛，並提倡福音使人掙脫律法的捆綁。這些說法均無聖經根據。假若律法真能被改變或廢棄的話，基督就不必捨命來拯救人類脫離罪的刑罰了。上帝的兒子來，是要「使律法為大，

為尊。」註2耶穌說：「就是到天地都廢去了，律法的一點一畫也不能廢去。」註3上帝的律法是永遠不變的，它顯明上帝的旨意和品德。上帝就是愛，祂的律法也是愛。律法的兩大原則，就是愛上帝和愛人。「愛就完全了律法。」註4上帝使人與祂的律法協調，以致能與祂和好，這是生命轉變與成聖之工。起初，人是照著上帝的形像受造，他與上帝的性質和律法是完全協調的。但因人類犯了罪，就與創造主隔絕，而不再反照上帝的形像。唯有藉著基督的功勞，人才能與創造主重得和諧。人的心必須因上帝的恩典而更新，必須擁有從大而來的新生命。這種改變就是重生，若非如此，人「就不能見上帝的國」。

人與上帝和好的第一步，乃是覺悟自己的罪。「律法本是叫人知罪」註5律法是一面鏡子，顯明公義品格的完全，並使罪人看到自己的缺點。律法只顯出人的罪，但沒有為人準備救治之方。唯有基督的福音能救人脫罪，能赦免人的罪。人既重生，他的心中就起了變化，不再叛逆違背，而是服從效忠上帝。「耶和華的律法全備，能甦醒人心。」註6若沒有律法，人無法正確認識上帝的純潔和聖善，也不會看到自己的罪過和污穢，更不覺得自己有悔改的必要。

保羅勸導帖撒羅尼迦教會：「上帝的旨意就是要你們成為聖潔。」註7耶穌曾為門徒向上帝禱告說：「求你用真理使他們成聖」註8；祂又說：「只等真理的聖靈來了，祂要引導你們明白一切的真理。」註9成聖的工作是藉著信靠基督以及聖靈住在心中的能力才能完成。人類的軟弱既與上帝的力量聯合，必能成就這工作。聖經明白的告訴我們，成聖的工作乃是漸進的，人經歷生命轉變之後，必須逐漸成長。使徒彼得把聖經中「成聖」的步驟列舉出來：「你們要分外地殷勤；有了信心，又要加上德行；有了德行，又要加上知識；有了知識，又要加上節制；有了節

制，又要加上忍耐；有了忍耐，又要加上虔敬；有了虔敬，又要加上愛弟兄的心；有了愛弟兄的心，又要加上愛眾人的心。……你們若行這幾樣，就永不失腳。」[註10]

聖經中記載了多位有成聖經驗的人，在主面前都顯出謙卑的心。摩西在看見上帝聖潔的威榮時，深覺自己不配。先知但以理說：「我們在你面前懇求，原不是因自己的義，乃因你的大憐憫。」[註11]還有約伯、以賽亞、保羅和約翰，都在上帝面前深感自卑。凡行在髑髏地十字架陰影之下的人，都不會有自高或自誇的表現。他們能看清楚自己的軟弱和邪惡，知道他們唯一的希望乃是倚靠救主的功勞。現代基督教界的「成聖」往往帶有自高自大和輕視上帝律法的精神，他們稱成聖乃是立時可成功的工作，他們只要有信心就能完全。他們以為接受了恩典就不需要作進一步的努力了。他們否定上帝律法的權威，力稱自己不再有遵守誡命的義務。

世人都想要一種容易的宗教，不願作任何努力，不願克己，更不願與世俗斷絕。於是這種單憑信心沒有行為的說法，就成為很流行的道理。但聖經說：「信心若沒有行為就是死的。」「信心因著行為才得成全。」[註12]「人若說『我認識祂』，卻不遵守祂的誡命，便是說謊話的。」[註13]一個自稱無罪的人就離聖潔甚遠，因為他對上帝的品德和律例沒有正確的認識，所以看自己為義。

聖經所說的成聖，是包括整個人的靈、魂與身體。保羅勸誡信徒要「將身體獻上，當作活祭，是聖潔的，是上帝所喜悅的。」[註14]凡是真正盡心愛上帝的人，必渴望將最好的獻給祂。保羅又說：「當潔淨自己，除去身體靈魂一切的污穢，敬畏上帝，得以成聖。」[註15]他又教導我們看自己的「身子就是聖靈的殿，……是重價買來的。所以要在你們的身子上榮耀上帝。」[註16]

如果一切自稱為基督徒的人都如此立下節制、克己和犧牲的榜樣，必能成為世上的光。人每次憑信心和順從前進一步，就必要進一步地接近「世界的光」，更能反映「公義日頭」的光輝。

基督徒的生活固然要以謙卑為特徵，但卻不是要愁眉苦臉和自暴自棄。天父的旨意並不是要我們永遠活在罪責和黑暗之中。我們儘可來就耶穌，得蒙潔淨，毫無羞愧地站在律法面前，度一種蒙上帝悅納和賜福的生活。我們應當「要靠主常常喜樂」^{註17}「不住的禱告，凡事謝恩，」^{註18}在主裏過信心、得勝和喜樂的生活。這也就是聖經中生命轉變和成聖的結果。

【註1】太7：16　　　　　【註2】賽42：21　　　　【註3】太5：18

【註4】羅13：10　　　　　【註5】羅3：20　　　　　【註6】詩19：7

【註7】帖前4：3　　　　　【註8】約17：17　　　　【註9】約16：13

【註10】彼後1：5－10　　【註11】但9：18　　　　【註12】雅2：17、22

【註13】約壹2：4　　　　【註14】羅12：1　　　　【註15】林後7：1

【註16】林前6：19、20　【註17】腓4：4　　　　　【註18】帖前5：17、18

28 查案審判

祂坐著要行審判，案卷都展開了。（但7:10）

先知但以理説：「我在夜間的異象中觀看，見有一位像人子的，駕著天雲而來，被領到亙古常在者面前，得了權柄、榮耀、國度，使各方各國各族的人都事奉祂。祂的權柄是永遠的，不能廢去祂的國必不敗壞。」[註1]這裏所描寫的並非基督第二次復臨，乃是耶穌在天上的父——上帝面前承受一切要賜給祂的權柄、榮耀、國度。在「二千三百日」預言結束的一八四四年，我們的大祭司由眾天使護送進入天上的至聖所，到上帝面前進行救贖人類的最後工作，就是開始查案審判的工作。在預表的禮節中，只有真心認罪悔改，藉著贖罪祭牲的血將自己的罪遷入聖所的人，才能參加贖罪日的禮拜。在最後的贖罪和查案審判的大日，也只有那些承認自己是上帝子民之人的案件才被審查。審判惡人的工作是特殊的工作，要在審判的後期舉行。

在天庭的案卷中，記錄著人的姓名和行為。在天上的法庭是由律法之本——上帝主持審判，千千萬萬的天使要擔任差役和見證人。使徒約翰説：「另有一卷展開，就是生命冊。死了的人都憑著這些案卷所記載的，照他們所行的受審判。」[註2]凡曾為上帝服務之人的名字都記在生命冊上，而且「凡名錄在冊上的，必得拯救。」[註3]

在上帝面前還有一本「記念冊」，其中記載著「敬畏耶和華

思念祂名的人」之善行[註4]。義人的每一言語和行為，都要留在這本記念冊中，永垂不朽。此外，每一次戰勝罪惡，每一件犧牲的舉動，每一次為基督所受的苦難，也都要記錄下來。

關於人的罪惡，天上也有記錄。「因為人所作的事，連一切隱藏的事，無論是善是惡，上帝都必審問。」[註5]人的祕密心意和動機，都要在記錄冊中顯露出來。每一個人的行為，都要經過上帝的檢閱，定為忠心或不忠心。凡在這次審判中被定為「配得」的人，將要在義人的復活中有分。因此他們的案件被審核和判定時，他們並不在場。耶穌在這次審判中作他們的中保，在上帝面前為他們代求「凡靠著祂進到上帝面前的人，祂都能拯救到底；因為祂是長遠活著，替他們祈求。」[註6]祂要陳述每一個人的案情，從世界之初，順序而下，直到現今還活著的人為止。每一個名字都要被提出，每一樁案情都要經過詳盡的審查。有些名字要蒙悅納，有些則要被棄絕。若在案卷上留有未經悔改、未蒙赦免的罪，這人的名字就要從生命冊上塗去，連在記念冊中的善行也要被塗抹。凡已經真心悔改領受基督寶血為救贖的人，在天上的案卷中便有「赦免」二字寫在他們的名字下面。他們的罪惡要被塗抹，也要成為配得永生的人。

神聖的中保要為一切靠賴祂寶血、蒙赦免的人求，使他們可以戴上冠冕與祂同作後嗣。同時，撒但卻要在上帝面前控訴這些人為犯罪作惡的人。耶穌並不否認他們有罪，但指出他們的懺悔和信心，並為他們祈求赦免。在天父和眾天使面前，救主要舉起受傷的雙手，說：「我將你銘刻我掌上。」[註7]基督要將自己的義披在祂忠心的信徒身上，把他們奉獻給父，並應許說：「我要赦免他們的罪孽，不再記念他們的罪惡。」[註8]

查案審判和塗抹罪惡的工作，是要在主第二次降臨之前完成的。在這工作結束之後，基督就要降臨，按照各人的行為賞罰。

在猶太人的崇祀中，大祭司為以色列人贖罪之後，就出來為會眾祝福。基督也要在中保工作結束之時顯現，將永生之福賞賜給忠心等候祂的人。古時祭司如何把聖所中的罪帶出來，按手歸在阿撒瀉勒的羊頭上，照樣，基督也要把罪孽全部歸在撒但身上。那擔負罪惡的阿撒瀉勒羊要被帶到無人之地放逐；撒但也要帶罪被拘禁在荒廢淒涼的地球上一千年。到了最後，他要在毀滅一切惡人的烈火中遭受刑罰。當罪惡徹底清除，一切悔改的罪人都得救之後，救贖大計就宣告完成。

到了預定審判的時候，即公元一八四四年，查案審判和塗抹罪惡的工作正式開始。凡曾信奉基督的，無論活人或死人，「都憑著這些案卷所記載的，照他們所行的受審判。」[註9] 人若不悔改，所有未丟棄的罪，都不得赦免，也不會從記錄冊上塗掉，乃要留到大而可畏之日顯明出來。我們的言語、行為，甚至最隱密的心思意念，都要顯露在上帝面前。天使將每一個人的善事和惡事都作了記錄，要決定最終的禍福。在審判時，也要察驗人們是否善用自己的才能、是否盡心盡力來榮耀上帝和造福人群、是否為基督扶弱濟貧、是否運用賜予的亮光和真理使人得救？凡是出於愛心的行為，都必蒙上帝悅納與獎賞。撒但用盡各種計謀，引誘世人沉溺迷戀地上的享樂，專顧世俗的財利和縱慾。在這些人的案卷中，人們要看到自己如何背離基督。一切善與惡都要一一顯明。

上帝的子民應當確實明白聖所和查案審判的道理，必須了解大祭司的工作，才能操練信心，擔任上帝要他們擔負的職任。每一個人都要站在偉大的創造主面前等待判決，因此人人都應當思考那嚴肅的景象。基督在天上聖所為人類代求，同樣是救贖計畫重要的一部份。耶穌帶著髑髏地十字架的光輝進入至聖所，為世人開啟了通往天父寶座的道路。藉著這位中保，罪人可憑信心來

到上帝面前。

「遮掩自己罪過的，必不亨通；承認離棄罪過的，必蒙憐恤。」註10撒但正時刻設法迷惑世人，要為自己的過失掩飾和辯護。耶穌卻用受傷的雙手和身體為世人代求，祂說：「我的恩典夠你用的。」註11任何人都不要以為自己是無可救藥的，因為上帝所賜的信心和恩典，足可得勝一切。古時以色列民在贖罪工作進行時，必須全體會眾刻苦己心，認罪悔改。同樣地，我們也當來到上帝面前真實悔改，省察己心。預備得救的工作乃是一種個人的工作，我們的得救，不是成群成批的。某一個人的純潔與熱忱，並不能抵消另一個人品格上在這方面的缺失。

查案審判的工作已經進行多年了，何時就要審問到現今還活著的人，無人知道。「你們要謹慎，儆醒祈禱，因為你們不曉得那日期幾時來到。」註12當這工作結束之時，主說：「不義的，叫他仍舊不義；污穢的，叫他仍舊污穢；為義的，叫他仍舊為義；聖潔的，叫他仍舊聖潔。」「看哪，我必快來！賞罰在我，要照各人所行的報應他。」註13在洪水之前，人們在挪亞進方舟之後，仍然醉生夢死，並譏誚挪亞的警告。同樣地，在末日來臨前，人們仍要照常栽種、建造、吃喝，完全不理會末時的警告。現今已到決定各人命運的最後關頭，主吩咐說：「所以你們要儆醒；……恐怕他忽然來到，看見你們睡著了。」註14

【註1】但7：13、14	【註2】啟20：12	【註3】但12：1
【註4】瑪3：16	【註5】傳12：14	【註6】來7：25
【註7】賽49：16	【註8】耶31：34	【註9】啟20：12
【註10】箴28：13	【註11】林後12：9	【註12】可13：33
【註13】啟22：11、12	【註14】可13：35、36	

29 罪惡及痛苦的起源

你因美麗心中高傲，又因榮光敗壞智慧，我已將你摔倒在地，使你倒在君王面前，好叫他們目睹眼見。

（結28：17）

　　罪惡的起源以及存在的理由，是一個引起許多疑慮的謎。有些人為要探討罪惡存在的原因，就致力研究上帝從未啟示的事，而不能得到答案。另有些人因為人的傳統和誤解，蒙蔽了上帝的品德和原則。我們固然無法解釋罪惡的起源，但根據聖經的教訓可以看到上帝在處理罪惡上，是公義而慈悲的。上帝對於罪的產生，是絕無責任的。罪惡乃是侵襲宇宙的仇敵，它的出現是毫無理由的奧祕。聖經對罪惡所下的唯一定義為「違背律法就是罪。」

　　在罪惡侵入之前，全宇宙是和平而喜樂的，萬物與創造主是完全和諧的。他們以愛上帝為至上，並且彼此相愛。基督是上帝的獨生子，與天父合而為一，而且唯有祂能參與上帝的一切謀略和旨意。全天庭都效忠基督，如同效忠天父一樣。「因為萬有都是靠祂造的，無論是天上的、地上的、……一概都是藉著祂造的。」[註1]愛的律法是上帝政權的基礎，祂賜給眾生自由的意志，並要求受造之物因認識而崇敬祂，不是出於勉強的效忠，乃是出於自願和愛心的事奉。

　　可惜有一個天使竟濫用這自由，種下了罪惡之根。他名叫路

152

錫甫,意即「明亮之星」。在未墮落之時他是蒙上帝器重並受眾
天軍敬愛的天使長。因他的美麗和聰明,漸漸放縱自高之心,甚
至意圖超越基督,妄想要與至高者同等。路錫甫盡力收攬其他天
使的心,要他們事奉和敬拜他。這時在天上響起了不協和之音,
使眾天使警覺到不和諧與不祥之兆。天庭的議會向路錫甫作了多
次的規勸,基督也親自向他說明上帝律法的神聖與不變性。然而
這些警告,更加激起他反抗和妒忌之心。路錫甫離開了他的崗
位,到眾天使中間散佈不滿的精神,盡力鼓動他們對上帝的律法
不滿。他主張:眾天使的本性既是聖潔的,他們就可以依自己的
意志行事。他設法博取眾天使的同情,宣稱他所作的一切,不是
要高抬自己,乃是要為眾天使爭取更大的自由。

上帝本著憐憫長久容忍路錫甫的所作所為,祂沒有立即撤除
他的高位,一再給予他回頭的機會。這時雖然他已離開作遮掩約
櫃之基路伯的職位,但只要他悔改,願意回到上帝面前,他還是
可以恢復原職的。然而他的驕傲不容他順服。他堅持不悔改,而
悍然投入善惡的大鬥爭之中,反抗他的創造主。

從此路錫甫卓越的智力便完全用在欺騙的工作上,甚至歪
曲事實,聲稱自己受到不公正的裁決,他的地位不被重視,自
由將要受限制。後來索性撒謊,詭稱基督蓄意侮辱他,又設法
在忠心的天使之間滋生事端。他以狡猾的手段,使眾天使對上
帝的旨意產生懷疑。結果有許多天使受迷惑與他聯合,同謀反
叛上帝的威權。

上帝憑著智慧容忍撒但進行他的工作,直到不滿的情緒釀
成積極的叛亂。祂讓撒但的計謀充分發展,使宇宙眾生能夠清楚
地明瞭這些計謀的性質和後果。路錫甫當時披著虛偽的外衣,取
得了優勢,許多天使和諸世界的眾生還不能辨識他的真面目。除
非讓罪惡全然成熟,其惡毒的性質是不會顯明的。撒但奸狡地主

張更改上帝的律法和秩序，宣稱這些變更乃為維持天庭和諧所必需。上帝在應付罪惡時只能採取合乎真理和公義的方法，上帝必須證明祂的政權是公正的，祂的律法是完全的，並要給撒但有充分的時間，藉著撒但之邪惡行為暴露自己的真面目。如果上帝即刻除滅撒但，全天庭和諸世界的眾生就不能領會罪惡的醜陋，而且必以畏懼的心來事奉上帝。那麼撒但的影響便不能完全消滅，叛逆的精神也不會根除淨盡。所以為全宇宙的利益設想，上帝必須讓罪惡醞釀成熟，使一切受造之物能夠看清真相，並使全宇宙對祂的公義和慈悲以及祂律法的永久性，不再有任何疑問。

撒但的叛逆要在各世代中成為教訓，說明罪惡的性質和其可怕的後果。事實必會證明：上帝的政權和律法與祂所創造萬有的幸福是息息相關的。及至上帝將撒但和他的跟從者逐出天庭後，他就大膽地輕蔑上帝的律法，並將叛逆的罪歸咎基督。他們聲稱基督若沒有責備他們，就不會造成這場叛變，同時還說自己是專制暴力之下的無辜犧牲者。撒但從前在天使身上施用的手段，今日也施用在世人身上，要人相信干犯律法是可以獲得自由的。他以誣衊上帝品德的方法，引誘始祖犯罪，令亞當視上帝為專橫的暴君。但聖經說「耶和華，是有憐憫有恩典的上帝，不輕易發怒，並有豐盛的慈愛和誠實。為千萬人存留慈愛，赦免罪孽、過犯，和罪惡；萬不以有罪的為無罪。」[註2]

在驅逐撒但離開天庭的事上，上帝聲明了自己的公義，並維護了祂寶座的聲譽。當人類屈服於罪惡之後，上帝竟犧牲獨生愛子，為墮落的世人捨命，作為贖罪的代價。這乃是祂慈愛的證據。當救主在世時，撒但用盡各種奸計要試探和毀滅祂。他利用人作他的爪牙，使基督的生活充滿痛苦和憂傷，及至最後將祂釘在十字架上。這一切都清楚地顯出撒但的仇恨與狠毒。當基督的犧牲完成之後，撒但猙獰的真面目亦顯露無遺。從此藉著基督的

捨命，使世人與上帝和好。

從撒但受制裁和人類蒙救贖這兩件事上，顯明了上帝的公義和慈愛。因為基督的死，承擔了律法的刑罰，從此人類可以承受基督的義而得自由。基督降世受苦受死，不單成全了救贖大工，同時也顯明上帝的律法是永不改變的。如果律法的要求可以作廢，那麼基督也不必捨身為世人贖罪了。髑髏地的十字架不但宣告律法是不能更改的，而且也向全宇宙公布：罪的工價乃是死。救主在十字架上喊「成了」的時候，亦敲響了撒但的喪鐘。全宇宙在末日必要明白地看到罪惡的真相和結果，亦確實看到公義與慈悲乃是上帝政權和律法的基礎。罪惡要從此消除，永不再出現。一個經過試煉和考驗的宇宙，將永遠不再改變效忠創造主的心，因為祂的品德已經在他們面前充分顯明，祂乃是無窮的慈愛和無盡的智慧。

【註1】西1：16　　　　【註2】出34：6、7

30 人類的大敵

因我們並不是與屬血氣的爭戰，乃是與那些執政的、掌權的、管轄這幽暗世界的，以及天空屬靈氣的惡魔爭戰。（弗6：12）

在人類墮落之後，上帝對撒但說：「我又要叫你和女人彼此為仇，你的後裔和女人的後裔也彼此為仇。女人的後裔要傷你的頭，你要傷他的腳跟。」[註1]這是一項判決，也是預言將要來臨的大爭戰。當人違犯了上帝律法時，人的本性就變成邪惡，與撒但和諧一致。若不是上帝加以干涉，撒但和人類將要結成反對天庭的聯盟。當撒但聽見這宣判的預言時，就知道他的計謀必受阻撓，並知道人類終必有方法抗拒他的勢力。

這時撒但對人類的仇恨像火一般地燃起；他企圖破壞上帝為人類所設立的救贖計畫，要使天庭憂愁，使全地充滿禍患與荒涼，並且指控這一切都是上帝創造人的結果。基督在人心中引發對撒但的敵意，乃是恩典。若沒有這改變人心的恩典和力量，人將繼續作撒但的俘虜。只有基督所賜的力量，使人有能力抵抗魔鬼的誘惑。

救主降世時，猶太人之所以拒絕基督，不是因為祂沒有屬世的尊榮和財富，而是因為祂的純正和聖潔，對這班驕傲縱慾的人成為一種譴責，而引起了他們的仇恨。基督徒的敬虔和對罪惡的憎惡，必要惹起撒但和他爪牙的忿怒。因此「凡立志在基督耶

156

穌裏敬虔度日的，也都要受逼迫。」註2撒但的爪牙在他的指導之下日夜進行工作，設法欺騙基督的信徒，引誘他們不再效忠上帝。他們要歪曲並強解聖經，以達到自己的目的。

撒但匯合所有的力量，全然投入這場爭戰中。但是有許多信徒與基督真實的連繫不夠，並且缺乏聖靈。他們沒有認清罪的極端惡毒和凶險，沒有堅決地抵擋罪惡，亦沒有察覺他們最大的仇敵是撒但。在這些自稱基督徒之人當中，甚至在傳道人之間，極少提及撒但的可怕。他們對撒但的活動和成功視若無睹，且輕忽聖經中對撒但詭計的警告。世人既無警覺，撒但又在各地方用盡方法進行迷惑、欺騙和破壞。他不斷地設法拆毀那使上帝子民與世俗隔開的藩籬，藉以勝過他們。「此等不信之人，被這世界的神弄瞎了心眼，不叫基督榮耀福音的光照著他們。」註3於是這些人就成了撒但的奴僕。

未經重生的心常有保留和原諒罪惡的傾向。當基督徒和不敬虔或不信主的人結交時，就是讓自己置身於試探之中。當他們的性情、言語和舉動都被世俗同化時，就對罪惡的影響更為盲目了。隨從世俗只能使教會世俗化，絕不會使世界基督化。人越與罪惡親近，就越不覺得罪惡可憎。我們若靠近試探，遲早總要被絆倒的。自以為不受撒但控制的人，往往是最容易成為被他利用的工具。才幹和學識固然是上帝的恩賜，但若被用來代替敬虔，反而使人遠離上帝。這些恩賜也可成為咒詛和陷害人的羅網，其危險性更甚於沒有文化和教育的人。最有智慧的所羅門王，便是例證之一。當他倚恃自己的聰明才智時，就成了試探的掠物，而犯下了許多錯誤。

基督徒永不可忘記神的警告：「務要謹守、儆醒。因為你們的仇敵魔鬼，如同吼叫的獅子，遍地遊行，尋找可吞吃的人。」註4從亞當的日子至今，撒但不斷地進行壓迫和毀滅。他要與基

督的教會作最後的爭戰，基督徒必須「穿戴上帝所賜的全副軍裝，就能抵擋魔鬼的詭計。」^{註5}基督要賜能力給尋求祂的人，試探者沒有能力控制人的意志或強迫人犯罪。他可以使人受苦難，但不能任意玷污他。除非人願意，撒但是無法得勝的。因為耶穌基督已經得勝，我們可以靠著祂的能力，勇敢地與罪惡和魔鬼作戰。

【註1】創3：15　　　　【註2】提後3：12　　　　【註3】林後4：4

【註4】彼前5：8　　　　【註5】弗6：11

31 邪靈的工作

我兒，不要與他們同行一道，禁止你腳走他們的路。
因為，他們的腳奔跑行惡。（箴1：15、16）

　　聖經明白指出，能看見的與不能看見的二者之間的關係，上帝使者的服務和邪靈的工作，這一切都與人類的歷史密切交織著。現今一般人不大相信有邪靈存在，有些人認為聖天使就是死人的靈魂。聖經不但說明天使和邪靈的存在，亦提供憑據證明他們不是死人的靈魂。在上帝創造人類之前，就已經有天使存在了。人類墮落之後，天使曾奉命把守生命樹的道路。天使的本性是超人一等，大衛說上帝叫人「比天使微小一點。」[註1]使徒約翰說：「我……聽見，寶座……周圍有許多天使的聲音。」[註2]他們侍立在萬王之王面前，「聽從祂命令成全祂旨意。」[註3]先知但以理看到的天使，為數「千千」「萬萬」。[註4]他們是上帝的差役，為祂完成不同的使命。

　　天使經常奉命將恩惠帶給上帝的兒女。他們曾將賜福的應許帶給亞伯拉罕，曾到所多瑪城救出羅得，又在曠野服事又饑又累的以利亞。當但以理被扔進獅子坑時，天使亦陪在那裡。他們為彼得打開牢獄的鐵門，保護保羅的性命，亦啟發哥尼流去領受福音。聖天使如此在各世代為上帝的子民效力。每一個跟從基督的人都有一位天使守護著，詩人大衛說：「耶和華的使者，在敬畏他的人四圍安營，搭救他們。」[註5]可見有天使時刻保護他們，

幫助他們應付強而眾多的邪靈。

邪靈起初被造時是無罪的，他們當時也是作上帝差役的天使。後來與撒但聯合叛逆，而一同被趕出天庭。從此他們與撒但合作，在各世代中抗拒上帝的權威，並致力於毀滅世人。舊約歷史中亦數度提到邪靈的存在和工作，但最猖獗時乃屬基督在世的日子。當時除了巴勒斯坦以外，撒但在世界各處都建立了拜偶像的制度。基督降世為要救贖人類，撒但便決心破壞這計畫。於是他如同困獸一般，放膽地殘害人的身體和靈魂。

聖經記載基督醫好兩個被鬼附著的格拉森人，附在他們身上的鬼說：「我名叫『群』，因為我們多的緣故。」[註6]此處所用的「群」在原文與「軍團」為同一字。在當時的羅馬軍隊中，軍團約有三至六千人之多。可想而知有多少惡魔附在這兩人身上。耶穌吩咐他們出來，邪靈便離開了二人，在耶穌准許之下投進豬群，跳往海裡去。看到這些損失，格拉森的居民請求這位神聖的醫師離開他們。撒但也經常如此將責任或不幸推卸到基督徒身上，使人們專注自己的利益，而不看重主的恩惠。結果主讓邪靈毀滅那一群豬，藉此責備那些為財利而養不潔淨動物的猶太人。而且從這件事使門徒目睹撒但的破壞力。救主要這些跟從祂的人對仇敵有所認識，以免受到迷惑。基督也要讓眾人看到祂打破撒但之捆鎖，並釋放撒但的俘虜。那兩個人清醒過來，安靜地坐在主腳前。耶穌離開之後，這蒙救贖的二人仍留下，繼續向人宣講主的慈愛，為祂作見證。

聖經中還記載了許多類似的故事，包括敘利非尼基族婦人的女兒、被啞巴鬼附著的青年、迦百農會堂中的瘋子，都一一被基督治癒。有一些人為要得到超自然的能力，而歡迎撒但的勢力。其中有行邪術的西門、行法術的以呂馬和在腓立比跟隨保羅和西拉的女子，都屬於這一等人。

在末期臨近時，撒但要用最大的能力和詭計蠱惑和毀滅世人。他的策略乃是要隱蔽自己和自己的工作方式，因此叫人把他描繪成四不像或半人半獸的妖怪。他以巧妙的方法偽裝自己，使人的思想更加混淆。邪靈能夠擾亂我們的思想、殘害我們的身體、毀掉我們的生命財產。可見抗拒上帝的旨意，順從撒但的誘惑，後果是何等的可怕！但跟從基督的人，必有大能的天使奉命下來保護和眷顧他們，使他們能夠在主內永保安全。

【註1】詩8：5　　　　【註2】啟5：11　　　　【註3】詩103：20

【註4】但7：10　　　　【註5】詩34：7　　　　【註6】可5：9

32 撒但的羅網

耶和華試驗義人;唯有惡人和喜愛強暴的人,祂心裏恨惡。(詩11:5)

　　基督與撒但之間的爭戰進行了六千年之久,已到即將結束的時候。撒但要加倍努力破壞基督為人類所成就的工作,把人緊套在他的羅網之內。他的目的是要將世人籠罩在黑暗和頑梗之下,使罪人得不到基督的救贖為止。當人們不努力去反抗撒但的勢力,對教會和社會持不冷不熱的態度之時,撒但是很放心的。當人的心意被喚起來注意永生的事物時,撒但便要出動與基督抗衡,並消滅聖靈的感動。

　　聖經中提到眾天使聚集在上帝面前時,撒但也來到他們中間,並不是來跪拜永生之君,而是來推動攻擊義人的毒計[註1]。當世人聚集敬拜上帝時,撒但也在一旁全力作工,想要管制敬拜之人的心思意念。當人查考聖經時,他要用一切詭詐的計謀,盡力操縱環境,使他們得不到真理的益處。當撒但聽到人們懇切祈禱時,就更熱心利用手段誘惑人,縱情於享樂中,使他們的感覺麻木,輕忽需要明白的事。撒但深知,所有被他引誘而忽略祈禱和查經的人,終必倒向他。

　　有些自命虔誠的人,不追求明白更進一步的真理,只在信仰上吹毛求疵。這種人乃是撒但的得力助手,他們要歪曲忠實的動機、誣蔑基督僕人的忠誠,並在沒有經驗的人心中灌輸疑念,使

人把純潔和正義的事看為污穢和邪惡的。但是任何人都不必受這種欺騙，因為「憑著他們的果子，就可以認出他們來。」註2這黑暗之君散佈各種異端邪說來迎合各種人的口味和理解力，他要引領一些不真誠的信徒進入教會，以便助長懷疑與不信，阻礙聖工的發展。

撒但最有成效的騙術之一，就是使人以為不管相信什麼都是無關緊要的。他以虛偽的理論、寓言或是「別的福音」來代替真理。現今在基督教界所見到的謬論學說，都是撒但所為。他盡力混亂人的思想，使人無法辨識真理。近代基督教各教會中存有分門別派的情形，大多數是由曲解聖經所致。許多人不肯虛心查考聖經，就在聖經中斷章取義，來證明自己的主張。正如羅馬教的領袖選了幾段符合他們宗旨的聖經，加上私意的解釋，然後向人傳講，同時不讓人有查考聖經的權利。聖經的作用原要成為引領人明白上帝旨意的嚮導。上帝已將正確的預言賜給人，得救的道理亦沒有隱藏起來。聖經對一切誠心研究的人來說，乃是簡明的。信徒若不尋求真理，教會就不能達到聖潔的地步。

人們因高抬自由主義，而無法識破仇敵的陰謀。他們以人為的學說代替聖經，廢棄上帝的律法，使教會處於罪惡的捆綁之下。科學的研究對許多人也成為一種禍害。上帝固然已經賜下亮光，使科學與技術有驚人的進展，但若不遵循聖經的指引，便是以人的理論和學說凌駕於聖經上。創造主和祂的工作原是超乎人所能理解的，即使用自然的定律也無法解釋這些事。因此他們懷疑上帝的存在，並把無窮的能力歸功於大自然。他們既割斷了真理的錨碇，結果只有撞在無神主義的礁石上。許多人竟想比創造主更聰明，想要搜索上帝永遠不會啟示的奧祕。如果世人肯尋求上帝的啟示，便能清楚地認識耶和華的榮耀和威權，並體會到自己的渺小。撒但不斷使人查究和揣測上帝沒有顯示的事，路錫甫

就是如此開始了背叛之路，而墮落到罪惡之中。現今他亦設法將對上帝的不滿，灌注在世人心中，使人漠視上帝的旨意。

人所傳的道理越不屬靈，越不需要克己自卑，就越能得到大眾的贊同。這些人降低自己的智能，去迎合私慾。他們既不肯存痛悔的心去查考聖經，又不肯祈求上帝的指導，就失去抵禦迷惑的保障。撒但隨時以滿足人心的慾望來代替真理，昔日羅馬教就是以這樣的手段控制世人的思想。現今的基督教會也因為拒絕十字架的真理，而重蹈覆轍。凡忽視上帝聖言以迎合世俗的人，必被上帝遺棄。

這大騙子最有效的騙術，就是招魂術。他裝成一個光明的天使，在人意想不到的處佈下羅網。只要人專心研究聖經，懇求上帝賜予悟性明白聖經，就不致留在黑暗和矇騙之中。還有另一個危險，就是否認基督的神性。他們認為基督在降世之前並不存在，於是便強辭奪理地曲解聖經，「屬血氣的人不領會上帝聖靈的事，反倒以為愚拙；並且不能知道，因為這些事唯有屬靈的人才能看透。」[註3]還有人相信撒但不是一個實有位格的東西、基督不是親自駕雲復臨、祈禱是不必要的、禱告不會得到真實的答覆、宇宙是由自然定律所支配等謬論學說。大多數的人相信這些異端，而驅使他們成為懷疑論或無神論者。有很多人不相信聖經，因為聖經指責他們的罪惡。如此撒但就作他們的魁首，竭力誘惑人來加入他的隊伍。

上帝已經在聖經中留下充分的憑據，可以證明聖經的神聖性質。所有關乎我們得救的偉大真理，都在聖經中說明清楚了。主應許賜聖靈給一切誠心祈求的人，藉著聖靈的幫助，親自明白真理。但人有限的智力無法完全明白上帝的一切計畫和旨意，我們不可焦躁不滿、疑惑不信，卻當以信賴之心順服祂的帶領。信心乃是來自聖靈的感召，人唯有保持信心，才能堅強與增長。那些

不相信上帝應許的人,是不結果子的樹,枝葉茂密而蔭蔽天日,使在其蔭下的植物見不到陽光而凋落枯萎。人不要強解或懷疑自己所不明白的事,卻要留心主已經賜下的亮光,實行所當盡的本分,主就必賜給他們更大更多的亮光。

如今坐在諸天萬物之上的主依然掌管一切,撒但的毒計反而完成祂美好的旨意。上帝讓祂的子民遭受如火如荼的考驗,乃是要鍛鍊他們有抵抗罪惡的能力,使他們可以得到最後勝利。如果上帝的子民願意以懺悔順服的心離棄罪惡,本著信心領受主的應許,便能有效的抵抗任何試探和阻力。人若能虛心研究聖經,並遵守祂全部的誡命,時刻儆醒禱告,求上帝賜予智慧,便能安全地站穩,不被撒但的羅網所勝。

【註1】伯1:6-12　　　【註2】太7:16　　　【註3】林前2:14

33 永生的奧祕

凡恆心行善、尋求榮耀、尊貴和不能朽壞之福的，就以永生報應他們。（羅2：7）

早在世界被造之初，撒但就想欺騙人類，希望與世人聯合，共同對抗上帝的威權。亞當和夏娃曾因順從上帝的律法而過著幸福的生活，撒但定意要使他們墮落。及至他們落到他的權勢之下，便可在地上建立他的國度，與至高者抗衡。如果撒但在伊甸園就露出自己的真面目，亞當和夏娃勢必不為他所誘。所以他在暗中進行工作，掩飾自己的毒計，利用狡猾的蛇引誘夏娃。他說：「上帝豈是真說，不許你們吃園中所有樹上的果子嗎？」註1 夏娃冒險與這試探者周旋，結果便陷入他的圈套，成為他的掠物。今日也有許多人將自己置身於試探之中，而被魔鬼所勝。

夏娃對蛇說：「園中樹上的果子我們可以吃，唯有園當中那棵樹上的果子，上帝曾說：『你們不可吃，也不可摸，免得你們死。』」蛇卻告訴她：「你們不一定死；因為上帝知道，你們吃的日子眼睛就明亮了，你們便如上帝能知道善惡。」註2 夏娃在試探之下屈服了，由於她的影響，亞當也跟著犯罪。在違背上帝之後，他們的眼睛果然明亮起來，看到自己的愚蠢，知道做了錯事，並嘗到了犯罪的苦果。

在伊甸園當中的生命樹，它的果子有使人長生不老之功。亞當若順從上帝，便可自由享用這棵樹的果子，而且可永遠活著。

但在犯罪之後，他便與生命樹隔絕，喪失享用其果子的權利，因而步上死亡的道路。上帝說：「犯罪的，他必死亡。」[註3]撒但卻欺騙世人說犯罪後不一定死亡。人既不能吃生命樹的果子，就無法延續生命。在伊甸園有天使「把守生命樹的道路」[註4]因此世上沒有一個永遠不死的罪人。唯有藉著耶穌基督的犧牲，人才有重得永生的指望。

蛇在伊甸園中說：「你們不一定死」的這句話乃是第一個主張靈魂不死的講法，撒但特別努力使人信服這異端，更進一步使他們相信罪人必永遠活在痛苦之中。如此他就誣蔑上帝為性好報復的暴君，要把違背祂的人投入地獄，永遠受痛苦。其實撒但才是人類的仇敵。他引誘人犯罪，隨後又竭盡所能地毀滅犯罪的人，使他們陷入萬劫不復之中。今日他仍用同樣的手段動搖世人對創造主的信任，引誘他們懷疑上帝的政權和律法。他將自己的惡毒加諸天父身上，要顯明他被逐出天庭是何等不公平。他誣告上帝太過嚴酷，而成功地引致許多人不願效忠上帝。

惡人死後要永遠在地獄裏受硫磺火煎熬的苦刑，這道理是多麼不符合上帝慈憐的本性啊！然而這種道理至今還是到處流行著。這絕不是聖經的教訓，「主耶和華說，我指著我的永生起誓，我斷不喜悅惡人死亡，唯喜悅惡人轉離所行的道而活。」[註5]這永刑的假道理乃是從羅馬教會承襲下來的，亦是在啟示錄第十四章中組成巴比倫叫萬民喝邪淫大怒之酒的邪道之一部分。如果我們偏離聖經的見證，接受這謬道，就是喝了邪淫大怒的酒，也必落在巴比倫的刑罰之中。

有些人矯枉過正地相信上帝既是仁慈的上帝，不論人如何犯罪，到最後都可不受刑罰。上帝在聖經中明確地說明一切干犯律法的人都必受到公正的報應，因為「罪的工價乃是死」。使徒保羅說罪人是「為自己積蓄忿怒，以致上帝震怒，……他必照各

人的行為報應各人；……將患難、困苦加給一切作惡的人。」註6
上帝對付罪的方法亦顯示祂公正和慈愛的品德，「耶和華，是有
憐憫、有恩典的上帝，不輕易發怒，並有豐盛的慈愛和誠實。為
千萬人存留慈愛，赦免罪孽、過犯，和罪惡；萬不以有罪的為無
罪，必追討他的罪。」註7祂以恩威並重的方式處理罪惡，讓無罪
的基督為人類擔當了干犯律法的罪債。以祂的犧牲使罪人得救。
「信子的人有永生，不信子的人得不著永生。」註8上帝不強迫任
何人的意志或壓制人的判斷力。祂不喜悅奴隸般的順從，乃是切
望世人因感佩祂的智慧、公正與慈愛而順從祂。凡真正認識上帝
品德的人，必要為祂的美德吸引而愛祂。

上帝為了全宇宙的益處，必須向惡人施行報應。一切受造者
若選擇順服祂的律法，就必得到永遠的福樂。但他們卻輕視祂的
愛，廢棄祂的律法，並拒絕祂的恩典。這些沉溺於世俗、自私自
利、驕傲虛偽的人，又怎能享受天庭的福樂呢？難道這些滿心恨
惡上帝、恨惡真理和聖潔的人，能快樂的生活在天庭之中嗎？斷
乎不可能。他們那種反抗上帝的人生，使他們不配居住在天上。
那裡的聖潔與完善只會使他們坐立不安、極端苦惱。上帝的榮耀
要成為一把烈火，令他們恨不得速速離開那裏。惡人的命運是出
自他們的選擇，他們的意志已經習慣於叛逆，再也不能轉惡為善
了。上帝從前暫時饒了兇手該隱的命，乃是要給世人一個實例，
說明容忍罪人生存，將有什麼結果。他的子孫都陷入罪中，地上
滿了強暴。上帝本著慈憐之心把挪亞時代的惡人除滅，又本著慈
悲毀滅了所多瑪罪大惡極的居民；如今上帝也是以憐愛之心消
滅一切拒絕祂恩典的人。「因為罪的工價乃是死；唯有上帝的恩
賜，在我們的主基督耶穌裏，乃是永生。」註9

由於亞當犯罪的結果，死亡臨到全人類，人人都要進入墳
墓。但藉著基督的救贖，人人都要從墳墓中被帶出來。「在亞當

裏眾人都死了；照樣，在基督裏眾人也都要復活。」註10但這兩等人的復活是有所區別的。「凡在墳墓裏的，都要聽見祂的聲音，就出來；行善的復活得生；作惡的復活定罪。」註11義人要得永生，惡人要為他們所作的遭受刑罰，最後的結局就是第二次的死。到那時，罪惡及其禍患就此毀滅，永遠結束。使徒約翰展望在永遠的國度中，沒有不諧之音，亦無淪亡者呻吟或咒罵的聲音，只聽見每一受造者都將榮耀歸給上帝。註12

靈魂不死是提倡死人有知覺的謬論基礎，是與聖經的教訓互相抵觸的。大衛曾說明死人是沒有知覺的，「他的氣一斷，就歸回塵土；他所打算的，當日就消滅了。」註13所羅門亦說：「活著的人，知道必死；了了的人，毫無所知，……在日光之下所行的一切事上，他們永不再有分了。」註14現今流行的神學說死了的義人都在天上，已進入天國。但彼得在五旬節提到先祖大衛時說道：「他死了，也葬埋了，並且他的墳墓，直到今日還在我們這裏。」註15使徒保羅亦說：「因為死人若不復活，基督也就沒有復活了。」註16義人若死後立即升天，保羅就不必提及復活了。當日耶穌要與門徒離別的時候，祂說：「我去原是為你們預備地方去。我若去為你們預備了地方，就必再來接你們到我那裏去。」註17使徒保羅更進一步說：「因為主必親自從天降臨，……那在基督裏死了的人必先復活。以後我們這活著還存留的人，必和他們一同被提到雲裏，在空中與主相遇。……」註18任何人在得以進入天家之前，他們的案件必須先經審查，一切品格與行為都要在上帝的台前受檢閱。眾人要按照案卷上的記錄受審判，並照自己所行的受報應。約翰說：「我又看見死了的人，無論大小，都站在寶座前，案卷展開了。」註19如果死了的人即刻升天或下地獄的話，又何須審判呢？聖經很清楚地教訓人，死人乃是像睡覺的人，一直睡到復活註20。死了的義人在主復臨

時，要被上帝的號筒喚醒，從墳墓中出來，承受光榮的永生。那時，他們的思想必回到先前臨死前所停止的地方，而復活之後，便要發出勝利的歡呼聲。

【註1】創3：1　　　　　【註2】創3：2－5　　　　【註3】結18：20

【註4】創3：24　　　　　【註5】結33：11　　　　　【註6】羅2：5、6、9

【註7】出34：6、7　　　　【註8】約3：36　　　　　　【註9】羅6：23

【註10】林前15：22　　　【註11】約5：28、29　　　　【註12】啟5：13

【註13】詩146：4　　　　【註14】傳9：5、6　　　　　【註15】徒2：29

【註16】林前15：16　　　【註17】約14：2、3　　　　【註18】帖前4：16、17

【註19】啟20：12　　　　【註20】帖前4：14

34 招魂術

冰雹必沖去謊言的避難所，大水必漫過藏身之處。你們與死亡所立的約，必然廢掉，與陰間所結的盟，必立不住。（賽28：17、18）

靈魂不死的道理最初是從異教哲學中傳來的，後來在大黑暗時期滲入基督教的信仰之中，企圖取代聖經中「死人毫無所知」的真理。許多人相信天使就是死人的靈魂，這種說法為現代的招魂術鋪路，讓撒但達成目的。那些墮落的天使在他指揮之下，常化裝成來自靈界的使者，自稱能使活人與死人交通，以此蠱惑人心。撒但能夠使人們已故的親友音容再現，而且摹倣得維妙維肖。及至他得到人們的信任後，便要將這異端傳開，直接摧毀聖經的信仰。這些邪靈否認基督的神性，甚至將自己與創造主並列。在這種偽裝之下，撒但進行反抗上帝的戰爭，這戰爭先在天上發動，然後在地上延續近六千年之久。

許多人認為招魂術是巫婆術士們的戲法，其實它所具有的超自然能力，乃是惡使者直接的工作。古時法老的術士曾仿效上帝的作為，使徒保羅也提及在基督復臨之前，必有「撒但的運動，行各樣的異能神蹟，和一切虛假的奇事，並且在那沉淪的人身上，行各樣出於不義的詭詐。」[註1]使徒約翰亦形容撒但在末日「又行大奇事，甚至在人面前，叫火從天降在地上。他因賜給他權柄……能行奇事，就迷惑住在地上的人。」[註2]

黑暗之君對於欺騙的工作已有多年的經驗，故能把騙術巧妙地配合各等階層和各種環境中人的心理。對有學問的人，他強調招魂術優雅和學術的一面。那能在試探的曠野中披上天使的榮光出現在基督面前的撒但，也會如此來到人面前。他用奇妙的情景和動人的言辭吸引人，又令人因自己的智慧而驕傲，以致藐視永生上帝。現今他亦用相同的手法欺騙人類，利用諂媚的話唆使人追求上帝所禁止的知識，鼓勵人生發自高自大的野心。他聲稱：「你們便如上帝能知道善惡。」^{註3}又教導「各人要判斷自己的思想，判斷既出於自己，你就是你自己的主。」撒但使人不以上帝為敬拜的對象，不注意祂的公義和完全，也不以祂的律法和品格為追求的標準。

心理和靈性有一個定律，它就是：我們所常注意的事物足以使我們改變。人的思想專注於什麼事，就必漸漸適應之，並與所愛所敬的事物同化。如果人以自己為最高模範，便永不能達到比自己更高的標準，反而要愈降愈低。唯獨上帝的恩典有能力使人提昇。人若單靠自己，他的生活必是向下的。撒但專研人性中的每一個弱點，然後佈下犯罪的機會，引人墮入其中。從古至今，他用放縱情慾的方法，使千萬人歸於毀滅。眾人便以自己的慾望為最高的律法，只隨從情慾的支配，使心智和靈性變為獸性。

聖經明白地說，人死後是毫無知覺的，對一切日光之下的事，都一無所知。與死人靈魂交往的事，更是上帝所禁止和憎惡的。在古猶太國裡，人與邪靈相交是要處以死刑的。然而今日的招魂術卻鑽進了科學界，侵入了教會，得到政府的許可，甚至堂而皇之進入王室宮廷之內。招魂術的靈將義人與惡人同列在一起，他們說：「無論你是多麼罪大惡極，都可進天國。」這些虛謊的靈雖然裝作聖徒，但所講的話卻與聖經的道理相反。他們否認聖經的神聖來源，藉此破壞基督徒信仰的根基，並熄滅那照明

天路的亮光。撒但要世人相信世界的救主只是一個平常的人，聖經只是一部小說或只是一本古時的書。他用招魂術來代替聖經，設法讓世人輕視基督，並宣稱他的奇蹟比基督的工作更偉大。

　　現代招魂術的形式比從前的更危險和狡猾。先前，它否認基督和聖經，現在卻揚言接受基督和聖經。但它以迎合世人的方法解釋聖經，使重要的真理失去效力，以致無法分辨善惡。他們教導人把十誡看作死的條文，漠視上帝的公正，如此就使人受蒙蔽而拒絕聖經和基督。許多人為要滿足自己的好奇心，竟讓邪靈來支配他們的思想，從此便被牢牢地纏住。他們無法靠自己的力量掙脫這捆綁，只有靠懇切祈禱的能力，才可掙開撒但的網羅。人若縱容自己品格上的惡習或明知自己的罪而不肯放棄，就使自己與上帝和天使的眷顧隔絕，及至落入試探時就失去保障，成為惡魔的掠物。那試探者更要利用他們去引誘更多的人趨向滅亡。

　　反對招魂術的人必須像救主一樣，以「經上記著說」去應付與邪靈的爭戰。凡要在危險時代站立得穩的人，必須親自領悟聖經的訓誨。當邪靈化裝成親友，施行神蹟欺騙人時，我們應以聖經的真理擊退他們。凡是不在聖經上堅立信仰的人將要受迷惑，並被擊敗，而那些懇切尋求真理知識、努力潔淨心靈、準備作戰的人，將在上帝的真理中找到可靠的保障。現在有千萬人拒絕聖經，願意受撒但的矇騙。他們將基督的救恩和罪惡的報應當作笑柄，一昧地順服撒但，與他密切聯合，就完全投在他的網羅之中，無法自拔。

　　撒但藉著招魂術為末日的爭戰作好準備。先知預言道：「我又看見三個污穢的靈，好像青蛙，……他們本是鬼魔的靈，施行奇事，……叫他們在上帝全能者的大日聚集爭戰。」[註4]除了因信仰聖經而得保守的人之外，全世界都要陷入這次的欺騙之中。

【註1】帖後2：9、10　　　　　【註2】啟13：13、14　　　　　【註3】創3：5

【註4】啟16：13、14

35 羅馬教廷的策略

**作惡違背聖約的人，他必用巧言勾引；唯獨認識上帝
的子民必剛強行事。**（但11：32）

　　現今改正教對於羅馬教廷的態度比以往軟化多了。有人認為
只要稍作讓步，雙方便能和解。昔日改正教認為與羅馬教廷妥協
就是不忠於上帝，但現今他們卻改變態度，願意原諒和縱容她，
認為她的恐怖手段是當時野蠻社會的產品。但反觀羅馬教會卻無
意放棄她一向的主張，如果她還能恢復先前的權勢，必會重施過
去殘暴和逼迫的手段。羅馬教會的每一個紅衣主教、大主教和主
教都必須向教皇宣誓效忠，其誓詞包括：「凡背叛教皇和分裂教
會者，我必盡全力逼迫反對之。」

　　美國的憲法保障人民有宗教自由權，在美國的羅馬教廷聲
調雖然較為溫和，但實質上仍想要控制人心。她依然努力在這
個國家擴展勢力，增強自己的權柄，準備作一番猛烈堅決的鬥
爭，並推翻改正教所有的成就。她在美國的教堂數目激增，所
辦的各大學和神學院聲譽日隆，並擁有諸多改正教的學生。在
不知不覺中，改正教徒已作出種種妥協與讓步，甚至表示參與
並予以贊助。

　　羅馬教廷有動人的宗教儀式，以華麗的炫耀和嚴肅的禮節，
蠱惑人的視聽，止息理智和良心的聲音。壯麗的教堂、洪亮的琴
聲、黃金的聖臺和神像，都使人生發尊崇之意。但是真宗教無需

這些動人視聽的外表作為，而是在十字架的光輝照耀之下，顯出上帝所重視的聖潔和內心的平安。外表的顯赫不一定是純潔高尚思想的標誌。撒但常利用這些事物來引誘、迷惑人，使他們忘記心靈上的需要，以致不去追求永久的來生，並轉離上帝而為今世生活。許多人因受了欺騙，就把羅馬教會看作天堂的門戶一般。唯有在真理基礎上穩立並且重生的人，才能抵擋她的影響。

羅馬教會主張自己有赦罪的權柄，這就使她的教徒覺得可以自由犯罪，然後向神父懺悔認罪即可得赦免。他們以神父為上帝的代表。跪在一個墮落之人面前認錯，正是降低人格的標準，反而使自己受到污穢。這種「人向人」的懺悔認罪，最終還是要滅亡的。雖然如此，一般喜愛放縱私慾的人仍是寧願向俗人認罪，而不願向上帝傾心吐意，寧可苦修而不肯放棄罪惡。他們用各種苦行的方法折磨肉體，也不願意把肉體的情慾釘在十字架上。正如古時猶太人只在口頭上尊崇律法，羅馬教徒也在形式上高舉十字架，但在生活上卻否認十字架所代表的主。他們將十字架放在教堂的屋頂、講壇和衣服上，但將基督的教訓埋沒在虛偽和嚴格的教條之下。

敬拜聖像和遺物、向諸聖徒祈禱和尊崇教皇等等，皆是撒但引人遠離上帝的詭計。他處心積慮地歪曲上帝的品德、罪惡的本質和爭戰的真正關鍵所在。他的詭辯減輕了人遵守上帝律法的義務，使人自由犯罪，同時讓人以恐懼和憎恨的心看待上帝。撒但利用這些人成為工具，去與上帝抗爭，甚至使信奉邪教的國家獻上活人為祭物去取悅神明，而產生了許多殘忍的暴行。在羅馬教會掌權的時代，發明了許多強迫人贊同她教義的嚴酷極刑，例如：火柱……等使人受到劇烈痛苦的方法。但對於皈依羅馬教會的人，卻用苦修來凌虐他們。這種自我虐待的方式，違犯了上帝所制定的自然律，是不蒙上帝悅納的。人若讀聖經就必看出上帝

並沒有把這些重擔加在他們身上。上帝所喜愛的，乃是一顆憂傷痛悔的心和一個謙卑順從的靈。

基督在祂的生活中並沒有立下什麼榜樣，叫人把自己禁閉在修道院中，以便取得進天國的資格。救主的心是滿懷慈愛，祂說：「人子來不是要滅人的性命，是要救人的性命。」註1今日的羅馬教會表面上擺出善良的面目，披上基督化的外衣，但本質上絲毫未曾改變。她所創訂的教義，至今依然全部保留。她現在所有的精神和其殘酷的程度，比起往日逼迫聖徒時，是毫無遜色。她改裝面目，要像預言所形容的，在末日進行離道反教的運動。

現代的羅馬教會確是有許多方面與改正教相同。現今的改正教為了博取世人歡心，便讓虛偽的愛心蒙蔽自己的眼睛，不但不為真道竭力爭辯，反而為自己以前的執著道歉。有許多人認為如今文明開放，知識普及，宗教亦享有自由，因此逼迫與殘虐的事不會再度發生。切勿忘記，上帝賜的亮光越多，那些錯用或拒絕真光的人所面臨的黑暗也越深。有很多人自以為聰明，甚至覺得無需祈求上帝引領他們；但在實際上，他們對聖經和上帝均一無所知。外表上是紀念上帝，內心卻是忘記上帝。羅馬教會已經預備方法叫兩種人接受羅馬教會，一是想靠自己的功勞得救，另一是想在自己的罪中得救。

以往人們沒有聖經，沒有真理的知識，就像眼睛被蒙蔽，以致看不見佈置在腳前的網羅，而遭受陷害。現今人們卻被一些「似是而非的學問」所眩惑，陷入其中的網羅而不自覺。上帝本是賜下智慧為恩賜，但人若存驕傲和野心，並高舉自己的理論過於聖經，他的智力將比無知更有害。因此，現代的假科學摧毀了人們信仰聖經的心，使人願意接受羅馬教廷和其種種的規條。

今日美國的改正教正鼓動政府來支持教會的制度和習俗，這不但是步羅馬教會的後塵，亦是為羅馬教會開路，使她得以在

美洲恢復權勢。他們主要的目標是要強制人遵守星期日，這原是羅馬教會所創立的制度。她要人迎合世俗和尊重人的傳統過於上帝的誡命，滲透入各改正教的教會中。當初君士坦丁皇帝制定法令，吩咐城市的居民在「可敬的太陽日」休息，但准許農民繼續農耕。後來又有喜愛奉承皇帝的主教猶西比烏毫無根據地說，基督曾把安息日改為星期日。於是一般人就接受了這通行的節日。及至羅馬教廷的權勢愈形鞏固之後，政府就頒佈法令，吩咐本來在星期日從事農作的農民和所有的人都停止勞作。凡違犯這命令的，自主的必須付罰款，為奴的必須受鞭打。後來法令規定，富人必須付出財產的一半作為罰款，如果再犯要被賣為奴；低層階級的人則要被永遠逐出國境。

為要加強星期日的法令起見，他們還捏造許多神蹟奇事。教皇下令各地的神父告誡干犯星期日的人要到教堂去禱告，否則必有災難臨到他們和鄰舍身上。教會要求政府頒令強迫人民在星期日停工，在羅馬召開的會議中，將過去所通過的法案編入教會的法典之中，然後由各地政府在境內予以執行。當時他們正為找不著聖經的經文作為守星期日的根據而煩惱。在第十二世紀末，有一個提倡星期日的英國人到各處訪問教會，回到英國時，帶來了一份文件，禁止人從星期六下午三點鐘到星期一日出之時作工，並舉例證明不遵守所遭的報應。他們傳說：這份文件是從天上掉落的，後來在耶路撒冷的各各他山聖西緬的神壇上被人發現。其實它的真實來源乃是羅馬教廷。在蘇格蘭，國王也發佈命令規定「聖日從星期六中午開始，直到星期一早晨為止。」

羅馬教廷對瓦典西派施行長期的血腥逼迫，還有許多人也因忠心遵守第四誡而遭到同樣的苦待。在黑暗時期，中非非洲的基督教會幾乎完全被人遺忘，因而數百年以來，一直享有宗教自由。羅馬教廷用奸計欺騙阿比西尼亞的皇帝承認教皇，並命令用嚴刑

禁止人遵守安息日。但教皇的暴政成為阿比西尼亞人民的重軛，經過慘烈的爭戰之後，他們將羅馬教徒驅逐出境，而恢復了宗教自由。非洲的基督教會一面順從上帝的誡命遵守第七日為聖日，一面又在星期日停止工作。他們如此隱藏了有一千年之久，沒有參與踐踏安息日的背道。雖有一段時間被迫廢棄真的安息日，但一恢復獨立之後，即重新遵守第四條誡命。

啟示錄第十三章預言說，兩角如同羊羔的獸將要叫地上的人去敬拜羅馬教皇，亦即「形狀像豹」的獸。這兩角如同羊羔的獸「要給那受刀傷還活著的獸作個像」，並且命令眾人都要受「獸的印記」註2。這兩角如同羊羔的獸是代表美國，這段預言指出美國政府將強迫人遵守星期日，並顯示羅馬教廷的權力必要東山再起。「我看見獸的七頭中，有一個似乎受了死傷，那死傷卻醫好了。全地的人，都希奇跟從那獸」註3。在末時，「凡住在地上、名字從創世以來，沒有記在被殺之羔羊生命冊上的人，都要拜他。」註4將來不論在新、舊大陸，人們都要遵守星期日和崇奉教皇。在羅馬教會中有些真實的基督徒，因為教會不允許他們閱讀聖經而不能辨別真理。上帝依然憐愛他們，必要賜真光照耀他們，向他們顯示真理。在末時必有許多人立志與主的子民站在同一陣線上。

羅馬教會是分佈於全球各地的龐大組織，完全受教皇的控制。散居各國的千百萬羅馬教徒亦都受過效忠教皇的訓練。她的政策一直未曾改變過，只要有權在手，仍要遂行自己的策略。美國何時實現政教合一，何時教會與國家的權力可以管制人的信仰，那時羅馬教會在美國的勝利也就確定了。關於這種危險，聖經已經發出警告，基督徒若忽略不聽，他們就難逃網羅。如今羅馬教會正在靜悄悄地擴充勢力，她的教義正在立法院中、各教會內和世人心中發揮作用。及至採取行動的時候一到，過去的逼迫

將要重演，基督徒亦要再次受難。

【註1】路9：56　　　　　【註2】啟13：11－16　　　　　【註3】啟13：3
【註4】啟13：8

36 迫近的爭戰

龍向婦人發怒，去與她其餘的兒女爭戰，這兒女就是那守上帝誡命、為耶穌作見證的。（啟12：17）

　　自從天上的大爭戰發動以來，撒但的目的就是要推翻上帝的律法。為此他背叛創造主，被逐出天庭。如今他仍在地上繼續同一爭戰，要欺騙世人，勾引他們去干犯上帝的律法。他歪曲顛倒聖經的道理，在許多人的信念中攙進錯謬的道理。現今所發動的這一場戰爭，就是人的律法與耶和華誡命的戰爭，也是聖經信仰與無稽傳統信仰的戰爭。雖然聖經已是人人都可以得到的一本書，但只有少數人願意接受它為人生指南。許多人否定聖經中的要道，並棄絕或更改上帝的律法。

　　人棄絕真理，就是棄絕真理的創立者。撒但故意扭曲上帝的品德，使人對祂產生錯誤的觀念。許多人擁戴哲學來代替上帝，許多人崇拜大自然但否認創造萬物的永生上帝。這些自稱為智慧人的哲學家、神學家和文人學者，實際上與古時敬拜太陽、巴力的外邦人沒有區別。現在流行的說法聲稱上帝的律法不再約束世人，試想國家不可一日無律法，那麼宇宙萬物之間又豈能沒有律法的管理呢？上帝絕不廢除裁定罪人與義人的標準，因為公義的標準一旦被廢棄，就是給惡魔開啟門路，其後果是可怕的淪亡。人只要拋開上帝律法的約束，必對人的律法也置之不顧。結果人便可以貪婪、搶掠、破壞家庭和社會，而使地上的和樂盡毀。且

看當今世界上所充滿的罪惡洪流，豈不都是因為不順從上帝的律法所引致的腐敗嗎？

現在撒但不再用禁閉聖經的方法來統治世人，他乃是以破壞人對聖經的信任去引人背棄上帝的律法。今日的各宗教團體不肯遵從聖經中不受人歡迎的真理，公然相信靈魂不死、人死後仍有知覺，以及更改聖日等謬道。許多教會的領袖為要擺脫他們當盡的本分，就將上帝的律法和安息日一同廢棄了。這些人認為遵守星期日的律法可以改善社會的道德。這種論調尤其在美國流傳最廣，因為那裡也是真安息日道理最廣傳的地方。他們要同時提倡守星期日和禁酒的工作，凡不與他們聯合的人，就被斥為社會改革運動的敵人。撒但最擅長於將真理和假道攪在一起，使假道顯得合理可取。美國的基督教徒伸手與羅馬的教權勾結，又伸手與招魂術握手，在這三合一的聯盟之下，步上羅馬教會的後塵去摧殘信仰自由的權利。

撒但以光明天使的姿態出現，藉著招魂術為媒介，施行神蹟，醫治疾病。現今一般的基督徒和不信的人之間，幾乎沒有區別。於是羅馬教徒、基督教徒和世俗之徒便結為同盟，引進千禧年的大運動。撒但一面提供一種新的宗教制度，同時也要進行毀滅的工作。他使人失去理性，放縱情慾，互相紛爭，並鼓動列國彼此爭戰。他也利用天然的災害和疾病施行毀滅，隨後又使人相信災難來自上帝。有人宣布除非嚴格執行星期日的律法，否則這些災禍不會停止。邪靈亦要聲稱上帝差他來說服那些反對星期日的人，叫他們看出自己的錯誤。他口頭上謊稱要鞏固上帝的政權，暗地裡卻力圖破壞，並將一切責任誣賴到忠心的人身上。在羅馬教會的歷史中，他自稱是天庭的代理人，高舉自己超過上帝，並更改上帝的律法。

上帝向來不勉強人的意志和良心，撒但卻以恐嚇或武力控

制人心。他利用宗教和政治的權威，鼓動世人冒犯上帝的律
法。一切遵守安息日的人要被斥為公敵，人要控告他們反抗政
府，並被定罪。教會和政府要聯合一致，用賄賂、勸誘或強迫
的手段，使人人都尊崇星期日。在愛好自由的美國，官長和議
員為要博得眾人的歡心，將要依從群眾的要求，制定強迫人遵
守星期日的律法。到了那時，這曾以重價換來的宗教自由便不
再為人所尊重了。

37 我們唯一的保障

人當以訓誨和法度為標準；他們所說的，若不與此相符，必不得見晨光。（賽8：20）

上帝的子民應當以聖經作為自己的保障，藉以抵擋假教師的勢力和黑暗之靈的迷惑。撒但要千方百計地不讓人得到聖經的知識，因為聖經揭露他的欺騙。他現今正竭力與基督和祂的信徒作最後的大決鬥。最後的大騙局將在我們面前展開，撒但要施行奇事，以假亂真，若非藉用聖經，便無法辨明真偽。人必須以聖經的訓誨為標準，去試驗每一個學說和每一件奇事。他們必須先對上帝的品德、政權和旨意有正確的認識，並在行為上與之配合，才能知道如何尊敬祂。每一個人都要接受這嚴肅的考驗。唯有那以聖經的真理鞏固己心的人，才能在大爭戰中站立得住。

正如昔日門徒沒有牢記救主向他們提出的警告，今日亦有許多人漠視末日的預言，以致大艱難來到的時候，尚未作好準備。上帝傳給世人的警告既是那麼重要，甚至用飛在空中的聖天使來傳揚這警告的工作，因此祂要每一個人注意這個信息。人人都應當殷勤研究預言，明白何謂獸的印記，知道拜獸及獸像之人的可怕刑罰。可惜大多數的人對真理置若罔聞，正如使徒保羅說的「時候要到，人必厭煩純正的道理。」[註1]世人不歡迎聖經的真理，因為它指出他們愛好罪惡和貪愛世俗的私慾。

但必有一等人在世上專以聖經為教義的標準和改革的基礎，

而不以學者的見解、科學的推理、會議的議決和多數人的意見為依據。在我們接受任何道理之前，應當要查問明白它是否以「耶和華如此說」為根據。撒但經常設法使人的注意力轉離上帝，他叫人仰賴主教、牧師和神學教授為嚮導，而不願查考聖經來明白自己的本分。在基督時代的祭司和官長們固執己見而拒絕耶穌，如今也有許多自誇敬虔之人，輕看那些提倡真理的人，認為他們的信仰與世脫節。主對文士和法利賽人的斥責，以及警告百姓不可盲從領袖的話，現今的世人應引以為鑑。

羅馬教會主張只有神父有資格去講解聖經，所以不准平民閱讀。即使宗教改革運動後，已經把聖經提供給眾人，但許多基督教徒依然不去自行查考聖經。他們根據教會的解釋去相信聖經，只要與信條不合的教訓，便不敢接受。他們對自己所信的道理提不出任何理由，只是跟從宗教領袖的教導與腳步，不敢偏離眾人所循之路，而遠離真光。撒但常以人的感化力去捆綁俘虜，藉著父母、子女、夫妻或朋友籠絡和轄制人的信仰。

我們既擁有聖經，就不能再用錯誤的方式榮耀上帝。如果我們不充分研究真理，實際上就是拒絕真理，就是愛黑暗過於愛光明了。聖經說：「有一條路，人以為正，至終成為死亡之路。」註2人既有機會可以明白上帝的旨意，就不能以蒙昧無知作為犯罪作惡的藉口。無論男女老少，單是存心為善或依照傳道人的指示去行，都是不夠的。每個人必須親自去查考聖經，然後行在光中，靠著上帝的幫助，仔細揣摩其中的每一個思想，並以經文彼此對照，主應許說：「人若立志遵著祂的旨意行，就必曉得這教訓。」註3因為人人必須在上帝面前為自己作交代。

我們應當盡一切的智力去研究聖經，同時還須具有孩童般的純良順服之心。不要以研究科學的態度或以解決哲學問題的方法去研究聖經，卻要存祈禱和依靠上帝的心去明白祂的心意。當

以虛心領教的精神，熱切追求的心，向獨一真神求知識。許多神學家之所以不明白聖經，乃是因為他們閉眼不看自己所不願實行的真理。無論何時研究聖經，必須先祈禱，靠賴聖靈幫助我們明白聖經中深奧的真理。聖天使也要預備我們的心去領會上帝的話，領受其中的警告，並得到鼓勵和力量。信徒常常無力抵抗試探，就是因為他們疏於禱告和查經，以致受試探時，不能以聖經和上帝的應許為武器，去對付撒但。正如主告訴門徒說：「但保惠師，就是父因我的名所要差來的聖靈，祂要將一切的事指教你們，並且要叫你們想起我對你們所說的一切話。」註4我們應將聖經的教訓藏在心中，作我們隨時的幫助。

近代的無神論和懷疑主義，都是撒但打擊真理的工具。他能用各種方式去試探人。他以嘲諷攻擊無學識的人，卻以科學和哲學應付受過教育的人。其結果乃是叫人不信或輕看聖經。凡信賴人的理智去解釋上帝的奧祕的人，都是撒但網羅中的掠物。如今我們正處在世界歷史最嚴肅的時期，每一個跟隨基督的人應當懇切求問：「主啊，你要我做什麼？」當在主面前謙卑、禁食、祈禱和默想祂的話，尤其是關於審判的事情。

我們現今正處於撒但致力蠱惑人心的時代，稍一鬆懈，便會被擄掠為惡者之囚。許多人以為自己沒有做什麼錯事而自命清高。單作上帝園中的樹木是不夠的，他們必須行上帝要他們去行的事，按照上帝的旨意結出果子來，否則上帝仍要追討他們的罪。在試煉來臨時，一個有名無實的基督徒與真心實意的基督徒之間的區別必顯明出來。當逼迫反對之火重新燃起時，心懷二意、假冒為善的人都要動搖起來，放棄信仰；但真實的基督徒卻要穩立如磐石，信心更堅強，盼望更光明。「他必像樹栽於水旁，在河邊扎根，炎熱來到，並不懼怕，葉子仍必青翠，在乾旱之年毫無掛慮，而且結果不止。」註5

【註1】提後4：3 　　　【註2】箴16：25 　　　【註3】約7：17

【註4】約14：26 　　　【註5】耶17：8

38 最後的警告

所以你們當悔改歸正，使你們的罪得以塗抹，這樣，那安舒的日子，就必從主面前來到。（徒3：19、20）

　　啟示錄第十四章第二位天使所傳巴比倫傾倒的信息要重新被傳揚。並提及1844年夏季以來，教會的腐敗現象。世人每次拒絕真理，思想就越為黑暗，心地更為頑固。他們輕忽上帝的警告，踐踏誡命中的一條，還要逼迫那些遵守誡命的人。當一般教會接受招魂術的教訓時，就是為撒但的道理敞開門戶，落入他的惡勢力中。

　　聖經說巴比倫惡貫滿盈，毀滅將至。但上帝在降罰之前，必將在巴比倫裏的忠心子民呼召出來。「我的民哪，你們要從那城出來。」註1這呼召要與第三位天使的信息聯結起來，成為傳給世人的最後警告。地上的掌權者將要聯合起來反對上帝的誡命，並下令要人遵守偽安息日。凡不肯順從的人都要受法律的制裁，甚至被處死刑。但在另一方面，上帝的律法卻吩咐人遵守創造主的安息日，並宣告上帝的忿怒必降在違背的人身上。無論何人，若是違背上帝的律法去順從人的法令，就是受了獸的印記，效忠另一個權勢。「若有人拜獸和獸像，在額上，或在手上，受了印記，這人也必喝上帝大怒的酒。」註2

　　有許多人尚未聽到現代的真理，遵守第四誡的本分還未向他們顯明真實的意義，上帝的忿怒不會就此臨到他們身上。人人

都要有充分的亮光，以便作出明智的決定。安息日必要成為忠誠的大試驗，將事奉上帝和不事奉上帝的人劃分清楚。人若選擇違犯第四條誡命，遵守偽安息日，就表明效忠反對上帝的權勢而接受「獸的印記」。另一等人選擇依照上帝的律法遵守真安息日，就表明效忠創造主而接受「上帝的印記」。當預言說美國政府將與教會聯合起來逼迫守上帝誡命的人時，人們要看這話為胡言亂語。他們肯定地說，美國是捍衛宗教自由的國家，此事絕不會發生。及至強迫人守星期日的運動廣泛展開的時候，這第三位天使的信息必產生空前的效果。

在每一個世代中，上帝都差遣祂的僕人宣揚合時的信息。許多改革家本想以審慎的方法斥責罪惡，盼望能用基督徒生活的典範引人歸向聖經的真道。但主的靈臨到他們如同臨到以利亞一樣，他們便禁不住地熱心宣講真理和那即將來臨的危險，叫人們不得不聽到警告。上帝要使用卑微的器皿，去完成祂的工作。這些獻身的人多半未經學校的訓練，乃是受了聖靈的恩膏，以信心和熱忱出去傳揚上帝交給他們的信息。他們宣告巴比倫的罪惡和異端，包括揭露招魂術的侵入、教皇勢力的增長以及拒絕真理的可怕後果等事實。眾人要深受感動地傾聽這些警告，看出巴比倫就是拒絕真道而墮落的教會。

有一班傳道人要像古時的法利賽人一樣，滿懷憤恨地申斥這信息是出於撒但，並要鼓動群眾起來嘲罵、逼迫傳揚這警告的人。各教會的教牧人員亦要出來攔阻真光，免得它光照羊群，並請求政治權力的臂助，又與羅馬教會聯合起來，甚至用國家的律法壓迫那些遵守上帝誡命的人。人要以罰款和監禁威脅他們，也有人利誘他們放棄信仰。正如使徒保羅所說的，「凡立志在基督耶穌裏敬虔度日的，也都要受逼迫。」[註3]這些不願意遵守星期日的人中，有的被關入牢獄，有的被放逐，還有些要受奴隸的待

遇。上帝約束人心的靈撤走後，世人就在撒但的管轄之下，變得喪盡天良無惡不做了。

在暴風雨臨近時，必有許多未真心悔改成聖的信徒要放棄他們的立場，加入反對真理的隊伍。他們因久與世界聯合，而對一切問題的看法和世人幾乎完全相同。一些多才多藝、能言善辯的人，反要利用他們的才能去欺騙和誘惑人。在同道的弟兄被帶上法庭時，這些背道者要誣蔑控告，並利用明槍暗箭激動官長去反對他們。在這種逼迫之中，上帝僕人的信心要受到考驗。這時他們沒有顧及今生的利益，也沒有設法保全自己的名譽和生命，只憑上帝的靈感動，便勇往直前地為主作見證。當反對的暴風雨侵襲他們時，其中有些人不免被擊倒。撒但以兇猛的試探向他們進攻，使他們倍感軟弱無助。但他們要記起將真理放在他們心中的上帝，而不得不繼續宣揚真道。且看威克里夫、胡斯、路德、廷達爾、巴克斯特、衛斯理等人，都是冒著危險和反對，忠心地向前邁進。基督的使者只管執行任務，將後果留給上帝去處理。雖然試煉有增無減，他們卻能求主加添力量，愈戰愈勇。

人不能事奉上帝而不招惹黑暗之君的反對，惡使者必要攻擊他們。世人要與撒但合作，利用引誘和強權威迫他們。只要基督還在天上聖所中擔任人類的中保，聖靈還多少影響著人間的法律。上帝的使者仍要感化一些政治領袖去約束反對的勢力，使第三位天使的信息得以完成。這最後的警告被傳開時，必有一些領袖接受它，並在大艱難的時期中與上帝的子民站在一起。另一位天使要將真光照亮全世界，一八四〇至一八四四年的復臨運動，乃是上帝能力的光榮顯現。第一位天使的信息曾傳遍世界各地，引起前所未有的宗教奮興，然而第三位天使的信息所發起的偉大運動卻要超越這一切。

這工作將要像五旬節的工作一樣。使徒傳福音時，聖靈的

190

「早雨」沛降，使福音的種子發芽生長。在福音結束時，聖靈的「晚雨」也要降下，使莊稼成熟。「上帝說：在末後的日子，我要將我的靈澆灌凡有血氣的。」「到那時候，凡求告主名的，就必得救。」[4]這末世的警告要藉著成千上萬之人的聲音傳遍全球。信徒要行神蹟，醫治病人，必有異能奇事隨著他們。撒但也要同時施行虛假的奇事，甚至在人面前，叫火從天降下來。世人必須決定自己要站在那一邊。

這信息的傳開，要少靠辯論，多靠上帝的靈感動人心。真理的種子早已播下，這時就必生長結實。真理的光輝必要深入各處，讓人清楚地看明真理。於是上帝忠誠的兒女就要掙脫種種綑綁，家屬的牽連、教會的關係都不足以牽絆他們。雖然有很多反對真理的勢力要團結起來，但仍有許多忠心的人站在上帝這邊，因為他們看真理比一切更寶貴。

【註1】啟18：4　　　【註2】啟14：9、10　　　【註3】提後3：12
【註4】徒2：17、21

39 大艱難的時期

那時，保佑你本國之民的天使長米迦勒，必站起來，並且有大艱難，從有國以來直到此時，沒有這樣的。你本國的民中，凡名錄在冊上的，必得拯救。（但12：1）

在第三位天使的信息結束的時候，有一位天使從地上回來，宣告大工告成。最後的試驗已經臨到世人，而那些忠於上帝誡命的人也受了「上帝的印記」。於是基督就停止在天上聖所的中保工作，舉手大聲說：「成了」。當時全體天軍都摘下自己的冠冕，敬聽主作嚴肅的宣告說：「不義的，叫他仍舊不義；污穢的，叫他仍舊污穢；為義的，叫他仍舊為義；聖潔的，叫他仍舊聖潔。」註1每一個人的案件都作出了或生或死的決定。基督已經為祂的子民完成了贖罪的工作，塗抹他們的罪惡。當祂離開聖所的時候，黑暗就要籠罩全地的居民。

在這可怕的時期，義人必須自己站在上帝面前，再沒有一位中保為他們代求。那約束惡人的靈已被收回，撒但要完全控制那些不肯悔改的人。這世界拒絕祂的恩典，藐視祂的慈愛，並踐踏祂的律法。上帝的忍耐已經到了盡頭，惡人也已跨過蒙恩時期的界限。這時撒但要把世人捲入一次大艱難之中，比昔日耶路撒冷的災禍更為可怕。

正如古時天使在上帝的命令之下施行刑罰，只待上帝的許可，聖天使和惡天使都要在地上施行毀滅。那些尊重上帝律法的

人要被視為一切災害的禍根，撒但還要火上加油，使世人的仇恨與逼迫愈演愈烈。當上帝的靈撒離猶太國時，他們還自以為是上帝的選民，照常獻祭和供奉。照樣，正當天上聖所宣佈判決時，地上的居民也是一無所知的。他們照舊舉行宗教禮拜，看上去倒像是為上帝大發熱心一樣。安息日的問題要成為鬥爭的焦點，宗教和政治的權威要聯合起來強迫人遵守星期日。他們要頒佈命令制裁那些遵守第四條誡命的人，指定期限讓眾人可在期滿之後，任意處置這些人。歐洲的羅馬教廷和美洲的基督教要採取一致的行動，去對付上帝的子民。

雅各在那慘痛的夜晚為脫離以掃的手而「摔跤」祈禱，乃預表上帝的子民在大艱難時期中的經驗。當時雅各自他鄉歸來，除了焦懼之外，還有自責、悔恨的重擔壓在心上。他盡自己的誠意去向以掃認錯求和，希望避免危險。基督徒也應在艱難的時期，盡量消除別人的偏見，並避免威脅和危險。雅各在夜裡單獨向上帝承認自己的罪，感謝上帝的恩典，並不斷地祈禱。在黑暗中，他與一位陌生人角力，及至天快亮時，才發現這同他摔跤的乃是天使。他雖然全身無力，卻毫不鬆手地拉住天使說：「你不給我祝福，我就不容你去。」雅各所表現的乃是一顆赤子之心，真誠的謙卑痛悔，並以戰兢的手緊握上帝的應許。他祈求上帝的憐憫，熱切地懇求，直到得勝為止。

撒但怎樣鼓動以掃攻擊雅各，在大艱難時也同樣鼓動罪人起來消滅上帝的子民。他如何控告雅各，將來也要如何控告主的百姓。他要求上帝把這些人交在他手中，讓他任意毀滅，否則上帝便是不公平、不公義。上帝子民的忠心和堅毅將要受到嚴格的考驗。撒但要一再地讓他們覺得自己是絕望的，污穢的罪跡亦無法洗除。他們看到自己軟弱無助，一無是處。但他們要像雅各一樣，緊抓著天使，不停地祈禱。雅各若沒有為騙取長子福分的罪

悔改，上帝就不會垂聽他的祈禱而保全他的性命。照樣，在大艱難的時期中，上帝的子民若還有未承認的罪，就必站立不住，而無把握能得到上帝的拯救。撒但要人們相信，上帝必不在意他們於小事上的不忠心。但從雅各的故事中，我們可以看到祂絕不容忍罪惡。凡想原諒或遮蓋自己罪過的人，都要被撒但所勝。凡不為主復臨的大日作準備的人，必在大艱難之時喪失機會。

有許多人在絕望時用悔恨的話認罪，但是他們的認罪和以掃與猶大是一樣的。他們不是為罪本身，乃是為罪的刑罰而悔恨。他們不是真實的痛悔，也沒有憎恨罪惡。雅各的歷史證明凡陷在罪中之人，只要回頭，真心悔改歸主，上帝絕不丟棄他們。縱有撒但猛烈的襲擊，上帝的眼目必眷顧他們，耳朵必垂聽他們的呼求，並差遣天使在患難中安慰和保護他們。那熊熊的烈火似乎要燒滅他們，但那熬煉他們的主必將他們取出來，如同經過火煉的金子一樣。無論是在水深火熱或在順利昌盛時，上帝對祂兒女的愛都是一樣的。將他們放置在爐火中乃是必需的，藉此將他們世俗的成分除去，使基督的形像可以在他們身上完全反映出來。

上帝給人一個恩典時期，使人人都可以準備應付未來的考驗。雅各的得勝是因為他的恆心和決心，證明了懇切祈禱的力量。凡像雅各一樣持守上帝應許，堅持到底的人，必能像他一樣得勝。凡不願克己，不願在上帝面前掙扎和祈求的人，必一無所得。那些疏於操練信心的人，將來亦容易屈服在撒但的誘惑和威迫之下，因為他們沒有養成信賴上帝的習慣。我們應當每日以抓住上帝的應許去認識祂，寧可放棄享樂，也不可忽略與上帝交往。每一個真誠懇切的祈禱，天使都要記錄下來。我們必須多用功夫祈禱，與主親近。尤其是青年人，更當緊握上帝的應許，行在主的道路上，才不致於失足跌倒，陷入罪惡之中。

這前所未有的大艱難即將展開，我們亦需要具有前所未有

的勇氣和信心。每一個人都必須單獨站在上帝面前,「他們連兒帶女都不能救,只能因他們的義救自己的性命。」註2現今基督還在聖所中為我們贖罪,我們應當追求在基督裏的完全,因為祂已完全勝過撒但,這乃是在大艱難時站立得住的必備條件。我們必須在今生靠賴基督的寶血以脫離罪惡,與主聯合,使祂的力量補足我們的軟弱,使祂的智慧代替我們的愚昧,使祂的功勞遮蓋我們的不配。我們當學習耶穌柔和謙卑的樣式,與上天的能力合作,使我們的品格與祂相符。

使徒約翰在異象中聽見從天上有大聲音說:「地與海有禍了!因為魔鬼知道自己的時候不多,就氣忿忿的下到你們那裏去了。」註3撒但的欺騙和毀滅要在大艱難時達到頂點。不久天空要出現超自然的現象,作為魔鬼行奇事的能力表徵。惡魔的靈要引誘眾生,統治者和平民都要受他欺騙。有人要起來假冒基督,並要行醫病的神蹟。他們聲稱有天上來的啟示,但所說的卻與聖經相反。其中最驚人的一幕乃是撒但親自化裝為基督,在許多地方出現,使人相信他有基督的樣式。眾人要俯伏敬拜他,以為基督復臨了。同時他要舉起雙手,為眾人祝福,正如基督為門徒祝福一樣。他以慈祥的語調談及屬天的真理,又醫治眾人的疾病,最後就假冒基督的名宣稱更改安息日為星期日,並稱那些遵守第七日為聖的人褻瀆了他的聖名。

但上帝的子民卻不致受此迷惑,因為他們知道假基督的教訓與聖經不相符合。再者,上帝不准撒但偽裝基督的復臨,救主曾說:「若有人對你們說:『看哪,基督在曠野裏』,你們不要出去!或說:『看哪,基督在內屋中,你們不要信!』閃電從東邊發出,直照到西邊。人子降臨,也要這樣。」註4全世界都必看見基督降臨的情景,是撒但無法假冒的。唯有殷勤查考聖經、領受真理的人,才可得蒙庇護。試驗將臨及每一個人,將真實與不

真實的基督徒顯露出來。撒但要盡一切所能的攔阻牽絆他們，以致他們的心被今生各樣的思慮所累。

當世界各國的執政者頒下命令制裁守誡命的人，任憑他們被人蹂躪時，上帝的子民要從各城各鄉中，成群結隊地遷往偏僻之處，要在山寨中找到避難所。還有許多人落入不公平的殘酷束縛裏，甚至被囚在牢獄中，被判死刑。那時無人聽到他們的呻吟，也無人伸手援助。在這困苦的日子，耶和華絕不離棄他們。祂要差遣天使到牢獄中，將天上的平安與光輝帶給他們。耶和華長久寬容惡人，因祂說：「我斷不喜悅惡人死亡。」[註5]祂遲遲不願降下刑罰，是希望再給他們悔改的機會。直到惡貫滿盈，他們便要喝祂忿怒的杯。

當基督在天上聖所停止中保的工作時，上帝的忿怒將要傾出。使徒約翰形容道：「有惡而且毒的瘡，生在那些有獸印記、拜獸像的人身上。……海就變成血，好像死人的血，海中的活物都死了。」[註6]接著的災難是「叫日頭能用火烤人。人被大熱所烤。」[註7]那時的世界變成「田荒涼，地悲哀；因為五穀毀壞。……田野一切的樹木也都枯乾；……牲畜哀鳴，牛群混亂，因為無草。」[註8]這些災難是人類有史以來最悲慘的災殃。在恩典時期結束之前，基督的寶血仍庇護世人，但在最後的刑罰中，卻沒有一點憐憫的成分。「主耶和華說：日子將到，我必命饑荒降在地上。人飢餓非因無餅，乾渴非因無水，乃因不聽耶和華的話。他們必飄流，從這海到那海，從北邊到東邊，往來奔跑，尋求耶和華的話，卻尋不著。」[註9]

上帝的子民不免遭受苦難，卻不至滅亡。主的應許說：「他的糧必不缺乏，他的水必不斷絕。」「我耶和華必應允他們；我以色列的上帝必不離棄他們。」[註10]「雖有千人仆倒在你旁邊，萬人仆倒在你右邊，這災卻不得臨近你。」[註11]上帝的子民要像

雅各一樣，與上帝擇跤角力。如果他們能用屬天的眼光觀察，就必看見成群的天使在忠心之人的四圍安營，隨時待命去搶救他們脫離危險。但是他們必須等候片刻，讓上帝的子民喝基督所喝的杯，受祂所受的洗。在等候時，要操練信心、盼望和忍耐。然而為了選民，這艱難的時刻將要縮短。末日的來臨，要比人們所想的更快。守望的天使忠心地看守，沒有一個人能越過天使的駐守。在各世代中，上帝常用天使援助和拯救祂的子民。眾天使常以各種形式參與人間的事務，例如：以旅客或疲倦的行人之樣式來到世間、親手點燃祭壇上的火、打開監獄的門、挪開救主墳墓的石頭等等。

當人們問守望者：「夜裏如何？」他回答說：「早晨將到，黑夜也來。」[註12]再過不久，主的榮耀即將顯現，公義的日頭就要出現。對義人而言，這是永恆白晝的開始；但在惡人來說，則是漫長黑夜的來臨。大艱難的時期是上帝子民必經的磨難，亦是每一位忠實信徒挺身昂首的時候，因有上帝的應許之虹環繞他們。上帝早就看到末世的一切情景，可愛的救主必在最需要的時候援助我們。祂已背負過我們所要背負的每一個十字架，走過我們所要走的每一條道路。祂說：「我的百姓啊，你們要來進入內室，關上門，隱藏片時，等到忿怒過去。」[註13]凡忍耐等候主復臨、名錄生命冊的人，必蒙光榮的拯救。

【註1】啟22：11　　　　【註2】結14：20　　　　【註3】啟12：12

【註4】太24：26、27　　【註5】結33：11　　　　【註6】啟16：2、3

【註7】啟16：8、9　　　【註8】珥1：10、12、18　【註9】摩8：11、12

【註10】賽33：16；41：17　【註11】詩91：7

【註12】賽21：11、12　　【註13】賽26：20

40 上帝的子民蒙拯救

並且耶和華救贖的民必歸回,歌唱來到錫安;永樂必歸到他們的頭上,他們必得著歡喜快樂,憂愁嘆息盡都逃避。(賽35:10)

當人間的法律不再保護那些尊重上帝律法之人時,各方各處必要興起消滅他們的運動。他們要在一夜之間發動突擊,使一切反對的聲音全然止息。上帝的子民或在牢獄中,或隱藏在山林中,皆祈求上帝的保護。在各地都有武裝的人群,進行殺戮的工作。在千鈞一髮之際,上帝必要出面干涉,拯救祂的選民。正當成群的惡人狂叫吶喊,來勢洶洶地向他們的俘虜猛撲的時候,忽然有一陣比午夜更濃密的黑暗籠罩在地上。隨後有一道彩虹放射的榮光拱在天上,似乎包圍著每一群祈禱的人。發怒的群眾忽然目瞪口呆,忘記自己原要施暴的目標。他們感到恐懼驚惶,並急欲逃避這光輝。

那時上帝的子民要聽見聲音說:「舉目觀看!」,隨即看見那應許之虹,而遮蓋穹蒼的烏雲也就此裂開。他們像司提反一樣定睛望天,看見上帝的榮耀和人子坐在寶座上。從祂身上,還可看到從前受凌辱的痕跡。隨後,又聽見音樂般的歡呼聲說:「他們來了!是聖潔、無邪惡、無玷污的。」於是那些信徒就要發出勝利的吶喊。

上帝拯救的時刻乃是在午夜時分。那時太陽要出現,全力照

耀，許多兆頭和奇事也迅速地顯現。惡人惶恐地望著這幕景象，義人卻懷著喜樂目睹自己得救的徵兆。自然界中的一切事物似乎都顛倒了秩序，江河的水停止流動，濃密的烏雲彼此相撞，在狂怒的諸天之中顯出一片明亮的空隙，並發出上帝的聲音說：「成了！」那聲音震動了諸天和全地。於是地上發生前所未有的大地震，山嶺動搖，巖石破碎，海洋翻騰，颶風長嘯。穹蒼一開一閉，地的根基也塌陷，有的海島甚至淹沒不見了。又有重約九十公斤的大冰雹降下，使遍地被損毀。此時監獄的牆要破裂，使被監禁的信徒得釋放。

墳墓也要裂開，「睡在塵埃中的，必有多人復醒。其中有得永生的，有受羞辱永遠被憎惡的。」[註1]那些堅守真道而死了的人，要從墳墓裏出來得榮耀；那些曾經譏誚戲弄基督的人，以及逼迫、反對真理的人，也要復活。主要讓他們親眼看見祂榮耀降臨，並看到忠心之人得尊榮。這時有猛烈的閃電從天空發射，像一片火焰包圍著地球。有神祕而可怖的聲音宣告惡人的劫運，所宣講的話並非人人都聽懂，但那些傳假道的教師卻能明白。他們要在驚惶之中戰慄不已，連魔鬼也要戰兢的承認基督的神性。「到那日，眼目高傲的必降為卑；性情狂傲的都必屈膝；唯獨耶和華被尊崇。」[註2]

這時從烏雲的縫隙中透出一顆明星，在黑暗裏光輝增強了四倍。凡曾為基督犧牲一切、已經受過試煉的人，必要有一番奇妙的變化。他們的面容煥發著信心和愛心，並要高唱凱旋之歌。此時空中的烏雲向四邊散開，顯出星光燦爛的諸天，聖城的榮耀從半開的門戶中發射出來。隨後天上忽然顯出一隻手，拿著合起來的兩塊法版。那曾在西乃山親手寫下的律法，這時要作為審判的標準。有一隻手揭開法版，顯出其中的十條誡命，字跡極為清楚，使人人都能閱讀。那些曾經踐踏上帝誡命的人，心中充滿害

怕與絕望，他們清楚地看出自己的罪是無可推諉的。此時，他們亦看到第四條誡命的安息日，乃是永生上帝的印記，發覺自己一直與上帝為敵，但一切都為時已晚矣。

人要聽見上帝的聲音從天庭發出，宣告耶穌降臨的日子與時辰，並將永遠的約交給祂的子民。這聲音傳至地極，像震動天地的雷轟。主的子民側耳傾聽，定睛望天，惡人卻不敢觀看。當上帝宣布降福的時候，便有勝利的吶喊發出。不久之後，在東方出現一小塊黑雲，約有人的半個手掌大。上帝的子民知道這就是人子降臨的兆頭。那雲彩越接近地面，就越有光輝，直到它變成一片大白雲，底下的榮耀好像烈火，其上則有立約之虹。耶穌駕雲降臨，儼然天上地下的勝利者，並有千萬的天軍護送著祂。人類的筆墨無法描述這種榮耀的情景！當雲彩就近地面時，眾目都要看見生命之君，祂的容顏比太陽更明亮。在祂面前，永遠絕望的恐怖要籠罩在拒絕上帝恩典的人身上，義人也要戰兢的說：「誰能站立得住呢？」天使的歌聲止息，地上隨即有片刻可怕的沉寂。主要開口說：「我的恩典夠你用。」於是義人滿心喜樂地與天使一同重新歌唱。

萬王之王駕雲降臨時，天就像書卷一樣被捲起來，地在顫動，各山嶺海島都被挪移離開本位。此時遍地充滿祈禱、哭泣和哀號聲。惡人情願被埋在山嶺和巖石之下，而不願見主面。他們巴不得能忘掉所有的事情。那刺透死人耳朵的聲音，在他們聽來，只是充滿譴責和痛斥的意味。那些曾經嘲笑辱罵基督的人，這時都啞口無言。那些曾經擊打、吐唾沫在祂臉上的人，此時要設法躲避。那些曾親手釘祂手腳的人和刺祂肋旁的兵丁，都要悔恨交加。祭司與官長們要清楚地記起髑髏地的情景，而急於尋找逃避藏身之處。其中也有些人良心發現，然而為時已晚矣。

當地球東倒西歪，天翻地覆時，基督的聲音要喚醒睡了的

聖徒。從天涯到地極，死人要聽見這聲音，凡聽見的都要復活。那時從各國、各方、各族、各民中都有人出來，聚成龐大的隊伍，他們的腳步聲要響遍全地。他們從死亡的監牢中出來，身上披著不朽的榮耀。復活之人的身材要與生前相同，亞當站在復活的群眾當中，顯得特別高大尊貴。他的身材只稍遜於基督，與後代的人類形成鮮明的對照。人原是按照上帝的形像受造，罪惡將這神聖的形像損毀。但基督藉著十字架恢復所失去的一切，將朽壞的變為不朽壞，將污穢的變為清潔，將醜陋的變為美麗。蒙救贖的子民要吃伊甸園中生命樹的果子，便漸漸長成人類受造時的身量。罪的咒詛所留下的痕跡都要完全消除。忠心的信徒在靈、智、體三方面，皆要反映耶和華完全的形像。

在一霎時，眨眼之間，活著的義人也要改變為不朽壞之軀，且和復活的聖徒一同被提到空中與主相遇。天使要從天這邊，到天那邊，將選民招聚起來，一同唱著歡樂的詩歌，升到聖城裏。在雲車的兩旁都有翅膀，在車下有活輪，雲車上升時，要發出「聖哉」的呼聲。隨行的天使也呼喊著：「聖哉！聖哉！」得救的子民亦要歡呼：「哈利路亞！」在進入上帝聖城之前，救主要把勝利的徽號賜給他們，耶穌要親自用右手把冠冕戴在每一位得救的人頭上，冠冕上面刻有每人的「新名」和「歸耶和華為聖」的字樣。每一位勝利者都有一把金琴在手，由天使帶隊，撥動琴弦發出和諧甜美的音樂。

得贖的群眾面前有聖城出現，耶穌打開珍珠的門，讓他們進去。在那裏要見到上帝的樂園，又有聲音說：「你們這蒙我父賜福的，可來承受那創世以來為你們所預備的國。」[註3]基督以說不出來的愛，歡迎祂忠心的子民來同享這永遠的福樂。得救的人要聚集在偉大的白色寶座前，他們要看到自己所引領歸向基督的人，看到這些人又引領更多的人歸主。在那裏他們摘下冠冕放在

耶穌腳前，並永遠頌讚祂。

在聖城裏，兩個亞當將要相會。當主伸手擁抱人類的始祖時，亞當看見祂身上的釘痕，就謙卑抱愧地俯伏在祂腳前，說：「被殺的羔羊，是配得權柄的！」註4救主溫柔地扶他起來，讓他再看看伊甸老家。自從他被逐出伊甸之後，亞當忍受犯罪的刑罰，有一千年之久。他曾真實地痛悔己罪，並懷著復活的盼望去世。現在藉著基督的救贖，終於得以重回伊甸樂園。如今的伊甸園比過去更為美麗可愛，亞當全家都要摘下冠冕放在耶穌腳前，俯伏敬拜，並同聲歌頌。眾天使也為這次的團聚感到歡欣，同聲頌讚救贖的大工告成。

在寶座之前有玻璃海，那從人間贖回來的十四萬四千人，就是「勝了獸和獸像」的聖徒，要與羔羊同站在錫安山上，手拿著琴，在寶座前唱「新歌」。這是摩西和羔羊的歌，是一首拯救的歌。除了那十四萬四千人以外，無人會唱這首歌，因為這是他們的經驗之歌。「羔羊無論往哪裏去，他們都跟隨祂。」這些活著升天的人要被稱為「初熟的果子，歸與上帝和羔羊。」註5因為他們「曾用羔羊的血，把衣裳洗白淨了。」「所以，他們在上帝寶座前，晝夜在祂殿中事奉祂。」註6今後，「他們不再飢，不再渴；日頭和炎熱也必不傷害他們。因為寶座中的羔羊必牧養他們，領他們到生命水的泉源；上帝也必擦去他們一切的眼淚。」註7

在各世代中，聖徒行走窄路，在患難的火爐中被煉淨，在鬥爭和痛苦中跟從主。因此他們憎厭罪惡，自卑虛己，心中充滿無限感激。他們蒙基督的赦免多，愛主之心也多。當日他們曾被逼迫、審判和定罪。但世人的判決被基督推翻了，上帝要以華冠代替灰塵，「喜樂油，代替悲哀；讚美衣，代替憂傷之靈。」註8從此以後，上帝要永遠與他們同在，終止一切痛苦流淚的日子，消

除所有的勞苦愁煩。在棕樹枝揮舞之下，他們唱出悠揚的讚美之歌，響徹穹蒼。

我們在今生只能明白奇妙救恩之道的開端，卻不能充分明瞭其全部意義。在永恆的歲月中，新的真理要不斷展開，上帝的子民要清楚地明白救恩的代價是何等重大。在永恆的歲月中，基督的十字架要成為得贖子民的奧祕和詩歌。十字架的奧祕足以解釋所有其他的奧祕，從其中我們可以看到上帝的聖潔、公義、恩慈和憐憫，一面顯出祂寶座的崇高，一面也在祂的慈悲中看到祂的品德。屆時，我們要清楚知道智慧無窮的主，除了犧牲自己的兒子以外，別無方法能夠拯救世人。這就說明天父是何等重視世人的價值，情願付出犧牲愛子的代價，換取人類的救贖和永遠的福樂。

【註1】但12：2　　　　【註2】賽2：11　　　　【註3】太25：34

【註4】啟5：12　　　　【註5】啟14：4　　　　【註6】啟7：14－15

【註7】啟7：16、17　　　【註8】賽61：3

41 全地荒涼

看哪，耶和華使地空虛，變為荒涼；又翻轉大地，將居民分散。（賽24：1）

上帝在發怒之日，要降刑罰在邪惡的巴比倫身上，「按她所行的加倍地報應她。」[註1]在恩典時期尚未結束時，世人一直被撒但矇騙，不覺得自己惡貫滿盈。如今看到一切全遭毀滅，才恍然大悟，驚恐萬分。結果，他們的人生是失敗的，所有的富貴享樂轉眼成空。那時惡人要滿心悔恨，不是為自己的罪惡痛悔，而是為這結果悲傷。上帝對干犯祂律法的人是滅命的烈火，對忠心的子民卻是安全的帳幕。

「耶和華說：『那些殘害趕散我草場之羊的牧人，有禍了！』……我必討你們這行惡的罪。」[註2]那些曾經犧牲真理去博得世人歡心的牧師，要看到自己傳講謬道的後果。他們和民眾都知道自己背叛了上帝，並廢棄了祂的典章。他們亦要看到自己因犯罪所喪失的永生，就俯伏在聖徒腳前，承認上帝是慈愛的。那時，人們就要群起控訴他們的傳道人，這些傳道人也要承認自己所做的欺騙工作。世人便起來咒罵並攻擊這些虛偽的牧人，興起爭鬥和流血的事。

這場大爭戰已經進行六千年之久，惡人誓死效忠撒但，抗拒上帝。現在時辰已到，上帝不單與撒但爭戰，同時也與世人相爭。那滅命的天使奉命「要將年老的、年少的，並處女、嬰

孩，和婦女，從聖所起全都殺盡，……於是他們從殿前的長老殺起。」[註3]這些虛偽的守望者要先仆倒，再也無人同情他們。在基督降臨的時候，惡人要從地面上全被除滅。他們要被祂口中的氣所滅絕，被祂的榮光擊殺。於是全地呈現一片荒涼，無人居住。

這時所要發生的事正是古時贖罪日禮節所預表的。至聖所的事奉既完畢，以色列人的罪就從聖所裏遷移出來，大祭司要按手在阿撒瀉勒的山羊頭上，將這罪歸在羊身上，並將它放逐到杳無人煙之地。同樣地，在天上聖所中的贖罪工作完成之後，一切罪孽要歸在撒但身上，並要將牠放逐在荒涼的地球上。這情形要延續一千年之久。使徒約翰描述說：「我又看見一位天使從天降下，手裏拿著無底坑的鑰匙，和一條大鍊子。他捉住那龍，就是古蛇，又叫魔鬼，也叫撒但，把牠捆綁一千年，扔在無底坑裏，將無底坑關閉，用印封上，使牠不得再迷惑列國。等到那一千年完了，以後必須暫時釋放牠。」[註4]這裏所指的「無底坑」乃是指這荒廢的地球而言。撒但和他的惡使者要以這廢墟為家，長達一千年之久。他被拘禁在地球上，不能到別的星球上去攪擾未曾墮落的生靈。這就是撒但被捆綁的意思。地上既無人，他就無法進行欺騙和破壞。

在這一千年間，撒但要在地上來回飄蕩，視察他反抗上帝律法的結果。他所受的痛苦極為劇烈，因為他的權勢已被剝奪，就有機會反省他背叛以來的所作所為。他必要為他的一切罪惡受罰。上帝的子民對撒但的捆綁，卻要歡喜快樂。在第一次和第二次復活之間的一千年中，他們要在天上進行審判惡人的工作。這時，義人要作上帝的祭司，與祂一同作王一千年。[註5]使徒保羅說：「聖徒要審判世界」[註6]他們要與基督一同審判惡人，以聖經為標準，並按各人所行的定案。然後又照各人的行為定下當

受的處分，將他們的名字記在死亡冊中。撒但和惡天使都要受基督和得救之民的審判。

　　及至一千年終了，便有第二次的復活。那時死了的惡人必要復活，在上帝面前受審。正如使徒約翰所説的：「其餘的死人還沒有復活，直等那一千年完了。」[註7]先知以賽亞也説：「他們必被聚集，像囚犯被聚在牢獄中，並要囚在監牢裏，多日之後便被討罪。」[註8]

【註1】啟18：6　　　　　【註2】耶23：1、2　　　　【註3】結9：6
【註4】啟20：1－3　　　 【註5】啟20：4－6　　　 【註6】林前6：2
【註7】啟20：5　　　　　【註8】賽24：22

42 善惡之爭的結束

耶和華要作王，直到永遠！錫安哪，你的上帝要作王，直到萬代！……耶和華在祂一切所行的，無不公義；在祂一切所作的，都有慈愛。 (詩146：10；145：17)

在一千年的終點，基督要與得贖的群眾再度降臨地上，並有天使護送他們。在降臨時，祂要吩咐死了的惡人復活受報應。惡人從墳墓出來，多如海沙，聲勢浩大。但是義人在第一次復活時是披戴著不朽的青春和美麗，而惡人在第二次的復活中卻帶著疾病和死亡的痕跡。這些惡人要轉眼注視上帝聖子的榮耀，就同聲喊叫：「奉主名來的有福了！」這呼喊不是出於愛主之心，乃是真理的力量迫使他們不得不說出此話來。惡人從前進入墳墓時怎樣，現在從墳墓裏出來亦沒有任何改變。他們仍然仇恨基督，心地還是頑梗不化，不肯悔改。

「那日，祂的腳必站在耶路撒冷前面朝東的橄欖山上。這山必從中間分裂，……成為極大的谷。」註1當新耶路撒冷從天降下，落在被潔淨的地上時，基督要帶著祂的子民和眾天使進入聖城。這時撒但看到千千萬萬的惡人復活，便著手進行一場最後的大鬥爭。他要動員一切不能得救的人到他旗下，讓他們作自己的俘虜。他們既已拒絕基督，就接受了叛逆之首的統治。他堅稱自己為救贖主，使他們從墳墓裏出來，並要拯救他們脫離暴政。撒但施行許多奇蹟來證明他的說法，並要帶領他們去攻打聖城。

在廣大的群眾中，有許多是洪水以前壽命很長的人，他們身材魁梧、智力卓越，曾用他們的才智高抬自己，損毀上帝的形像。其中還有許多戰士和將領，身經百戰，所向無敵。當他們從墳墓裏出來時，征服世界的慾望又在他們心中發作了。

撒但在與惡使者和眾君王、戰士商議之後，立即準備作戰。精巧的工匠製造各種武器，將領們將群眾編成軍隊。這支聲勢浩大的軍隊向前開動，向上帝的聖城進攻。耶穌便發出命令，將新耶路撒冷的各城門關閉。基督坐在聖城的寶座上，其根基是發亮的精金，有聖徒侍立在祂周圍。主臨格的榮光要充滿聖城，並射出城外，使全地生輝。最靠近寶座的是那些曾一度熱心效忠於撒但、後來悔改獻身跟從主的人。其次就是在基督教界宣告廢棄上帝律法之後仍忠誠遵守祂誡命的人，還有歷代以來為信仰殉身的人。此外亦有「許多的人，沒有人能數過來，是從各國各族各民各方來的，站在寶座和羔羊面前，身穿白衣，手拿棕樹枝。」註2棕樹枝是勝利的徽號，白衣則代表基督無瑕疵的公義。

蒙贖的群眾與天使同聲頌揚，歌聲響徹穹蒼。在他們中間沒有人將得救的功勞歸於自己，乃是將一切讚美歸與上帝和羔羊。在眾生的大會之前，上帝聖子的加冕典禮開始進行。「我又看見一個白色的大寶座，與坐在上面的；……我又看見死了的人，無論大小，都站在寶座前。案卷展開了，並且另有一卷展開，就是生命冊。死了的人都憑著這些案卷所記載的，照他們所行的受審判。」註3當案卷展開，主的慧眼看著惡人時，他們立刻就感悟到自己所犯過的每一件罪惡。他們所做的都要顯明出來，好像是用火寫成的字一樣。

在寶座上有十字架出現，將人類墮落的情景以及偉大之救贖計畫各階段的發展，一幕一幕地展示出來。最後，在眾生面前，呈現著天庭之君被釘十字架的景象。每一個參與這罪行的人都要

回想自己所充當的角色，他們都要看出自己罪惡的嚴重性。在聖城裏得贖子民之中，有眾使徒、殉道的烈士以及忠誠的聖徒們。那些曾經逼害和囚禁他們的惡人，都被關在城外。還有羅馬教的神父、主教和教皇，此時都要看出自己曾擅改律法的罪行。全體惡人要站在上帝台前受審，無人再為他們代求，於是宣布他們永死的判決。惡人要看到自己被摒棄於天庭之外，乃是公正合理的處分。

撒但看見基督的威嚴和光榮，似乎全身癱瘓了。他曾是天上最光明的天使，被稱為「早晨之子」。如今他回顧自己叛逆的經過以及他在人間的工作和後果。他也看出自己並未能毀滅信靠耶穌的人，在這場漫長的鬥爭中，他屢戰屢敗。如今時候已到，在進攻上帝聖城的最後努力上，撒但的歷史和性格必完全揭露出來。聖徒和天使都要明白這反叛上帝的陰謀，他要成為全宇宙所憎恨的目標。撒但已經慣於用自己的能力去反抗上帝，所以天庭的純潔、平安與和諧對他是極端的痛苦。撒但統治的結果和上帝政權的對照，已經擺在宇宙之前。聖父和聖子為人類所作的犧牲，在這群得救的人身上，看到了滿足的果效。撒但的工作已經定了他自己的罪，叛逆的結局亦已完全顯明出來。

撒但雖然不得不承認上帝的公正，但叛逆的精神要再度爆發，決意頑抗到底。於是他衝到自己所統治的人中，鼓動他們立即作戰。不料，在群眾中竟無人再承認他的主權了。他們雖然充滿仇恨上帝的心理，但見大勢已去，便反過來向撒但和惡使者大發烈怒。主耶和華如此説：「我已將你摔倒在地，……使你在所有觀看的人眼前，變為地上的爐灰。」註4「祂要向惡人密布網羅，有烈火、硫磺、熱風，作他們杯中的分」註5從天上上帝那裏有火下降，地也裂開了。從每道裂開的深坑中，有滅人的火焰噴出。「有形質的都要被烈火銷化，地和其上的物都要燒盡

了。」註6世界成為一個廣大而沸騰的火湖，有一些惡人只燒片刻就毀滅了，但有一些人卻要受苦多日，各人要照他們所行的受刑罰。義人的罪都歸到撒但身上，他所遭受的刑罰，要遠超過一切受他迷惑的人。等其他人都被燒盡之後，他還要活著受苦。

在這一場潔淨地球的火焰之中，惡人終於被除滅，犯罪的刑罰已被執行，公義的要求也已達到，於是天地都要同聲宣揚耶和華的公義。撒但毀壞的工作就此永遠終止。六千年來，他的任意妄為，使地球充滿禍患，使一切受造之物飽受痛苦。從今以後，「全地得安息，享平靜；人（義人）皆發聲歡呼。」註7從效忠上帝的全宇宙揚起一陣讚美與勝利的吶喊：「哈利路亞！全能的主——上帝作王了！」

當地球燃燒著烈火時，義人卻安然居住在聖城裏。在第一次復活有分的，「第二次的死在他們身上沒有權柄。」註8上帝對於惡人乃是烈火，但對祂的子民卻是日頭和盾牌。註9那燒盡惡人的烈火把地球煉淨了，一切咒詛的痕跡都除盡，再沒有永遠燃燒的地獄使贖民看見罪惡的慘況。「我又看見一個新天新地，因為先前的天地已經過去了。」註10只有一件事要留作記念的，就是救主被釘十字架的傷痕要永遠存在。祂受傷的頭、刺破的肋旁和被釘的手腳，都是祂最大的光榮，要在永恆的歲月中，彰顯祂的榮耀與權能。這最初賜給人類作為國度、後來落入撒但手中長久被他佔領的地球，現在已被救贖主贖回，要恢復因罪惡而喪失的一切，成為贖民永遠的家鄉。「義人必承受地土，永居其上。」註11

聖經中稱得救之人的基業為「家鄉」，那裏有天上好牧人引領群羊喝的活水泉源。生命樹要每月結果子，其上的葉子可供萬民使用。那裏有上帝的聖山，高峰聳立。上帝的子民要在寧靜的平原上和明如水晶的生命水河邊，找到他們榮美的家鄉。「上帝為愛祂的人所預備的，是眼睛未曾看見，耳朵未曾聽見，人

心也未曾想到的。」註12「他們要建造房屋，自己居住；栽種葡萄園，吃其中的果子。」註13在天國裏痛苦不能存在，亦沒有憂傷、疾病、流淚和死亡。新耶路撒冷是榮美新世界的京都，「上帝的帳幕在人間。祂要與人同住，他們要作祂的子民。上帝要親自與他們同在，作他們的上帝。」註14在那裏沒有黑夜，永遠是白晝，沒有人需要休息。贖民必長久享有清新的精神，上帝和羔羊的榮耀使聖城充滿永不熄滅的光榮。

上帝的子民享有特權，得與聖父和聖子直接交通。他們要侍立在上帝面前，瞻仰祂聖顏的光榮，並要與眾天使、眾聖徒享有快樂的交通。這種團結一致的精神，構成得贖之民的幸福。在那裏，永遠不衰殘的心智要思考創造和救贖的奧祕，再沒有詭詐的仇敵來引誘人犯罪。人的各種才能都要發展，一切力量都要增強。偉大的事業必要推進，崇高的志向必能達到，雄偉的願望亦得實現。此外還有許多新的高峰要攀登、新的奇蹟要出現、新的真理要推究、新的目標要完成。宇宙的全部寶藏都要開啟，供給上帝的子民研究。他們不再受死亡之軀的捆綁，卻要展開翅膀，飛翔到天外的諸世界，與那些從未犯罪的生靈共享喜樂和智慧。

永恆的歲月帶來上帝和基督更豐盛的啟示，愛心、敬虔和幸福也要增進不已。人越認識上帝，就越欽佩祂的品德。當耶穌向人闡明救恩的豐盛和大爭戰中的成就時，得贖之民便以更熱切的忠誠事奉祂，以更高昂悠揚的歌聲琴聲讚美祂。「在天上、地上、地底下、滄海裏，和天地間一切所有被造之物，都說：但願頌讚、尊貴、榮耀、權勢都歸給坐寶座的和羔羊，直到永永遠遠！」註15

善惡的大爭戰結束了，罪與罪人都不存在了。全宇宙都是潔淨的，天地之間充滿和諧、生命、光明和喜樂。一切有生命和無生命之物都要宣揚「上帝就是愛」。

【註1】亞14：4　　　　　【註2】啟7：9　　　　　【註3】啟20：11、12

【註4】結28：17、18　　【註5】詩11：6　　　　【註6】彼後3：10

【註7】賽14：7　　　　　【註8】啟20：6　　　　【註9】詩84：11

【註10】啟21：1　　　　【註11】詩37：29　　　【註12】林前2：9

【註13】賽65：21　　　　【註14】啟21：3　　　　【註15】啟5：13

新舊約聖經目錄對照表

| 舊約聖經 | | 新約聖經 | |
卷　　　名	簡稱	卷　　　名	簡稱
創世記	創	馬太福音	太
出埃及記	出	馬可福音	可
利未記	利	路加福音	路
民數記	民	約翰福音	約
申命記	申	使徒行傳	徒
約書亞記	書	羅馬人書	羅
士師記	士	哥林多前書	林前
路得記	得	哥林多後書	林後
撒母耳記上	撒上	加拉太書	加
撒母耳記下	撒下	以弗所書	弗
列王紀上	王上	腓立比書	腓
列王紀下	王下	歌羅西書	西
歷代志上	代上	帖撒羅尼迦前書	帖前
歷代志下	代下	帖撒羅尼迦後書	帖後
以斯拉記	拉	提摩太前書	提前
尼希米記	尼	提摩太後書	提後
以斯帖記	斯	提多書	多
約伯記	伯	腓利門書	門
詩篇	詩	希伯來書	來
箴言	箴	雅各書	雅
傳道書	傳	彼得前書	彼前
雅歌	歌	彼得後書	彼後
以賽亞書	賽	約翰一書	約壹
耶利米書	耶	約翰二書	約貳
耶利米哀歌	哀	約翰三書	約參
以西結書	結	猶大書	猶
但以理書	但	啟示錄	啟
何西阿書	何		
約珥書	珥		
阿摩司書	摩		
俄巴底亞書	俄		
約拿書	拿		
彌迦書	彌		
那鴻書	鴻		
哈巴谷書	哈		
西番雅書	番		
哈該書	該		
撒迦利亞	亞		
瑪拉基書	瑪		

《善惡的對決》是原著《善惡之爭》各章的精簡本。

讀者想要得到：❶完整全書的著作
　　　　　　　❷面授研究聖經，請聯絡我們。

機構	地址	電話/傳真	網站
華安聯合會 Chinese Union Mission	香港沙田小瀝源源順圍28號都會廣場12樓 12th Floor, Citimark, 28 Yuen Shun Circuit, Siu Lek Yuen, Shatin New Territories, H.K.	Tel: 852-2838-3991 Fax:852-2834-6119	www.chumadventist.org
港澳區會 Hong Kong Macao Conference	香港九龍尖咀山林道26號地下 No 26 Hillwood Road, Tsim Sha Tsui, Kowloon, Hong Kong.	Tel :852-23663205 Fax:852-23111761	www.hkmcadventist.org
香港港安醫院 Hong Kong Adventist Hospital	香港司徒拔道40號 40 Stubbs Road, HK	Tel: 852-3651-8888 Fax:852-3651-8800	www.hkah.org.hk
荃灣港安醫院 Tsuen Wan Adventist Hospital	香港新界荃灣荃景圍199號 199 Tsuen King Circuit, Tsuen Wan, N.T., Hong Kong	Tel :852-2276-7676 Fax:852-2413-5311	www.twah.org.hk
香港三育書院 Hong Kong Adventist College	香港新界西貢清水灣道1111號 1111 Clear Water Bay Road, Sai Kung, N.T., Hong Kong	Tel :852-2719-1667 Fax:852-2358-1055	www.hkac.edu
台灣區會 Taiwan Conference	404台灣台中市北區中華路二段195號 No 195 Chung Hwa Road, Sec. 2, Taichung, Taiwan 404	Tel :886-4-22013739 Fax:886-4-22010919	www.twcadventist.org.tw
台灣三育基督學院 Taiwan Adventist College	555台灣南投縣魚池鄉(村)瓊文巷39號 39 Chong Wen Lane, Yu-Chih, Nantou County, Taiwan 555	Tel: 886-49-2897047 Fax:886-49-2899159	www.sdatac.org.tw
臺安醫院(院牧部) Taiwan Adventist Hospital	105台灣台北市松山區八德路2段424號 No. 424, Sec. 2, Bade Rd., Songshan District, Taipei City, Taiwan 105	Tel: 886-2-2771-8151 Fax:886-2-2731-9124	www.tahsda.org.tw
時兆出版社 Signs of The Times Publishing Association	105台灣台北市松山區八德路二段410巷5弄1號2樓 2F, No. 1, Alley 5, Lane 410, Sec. 2, Ba De Rd., Taipei, Taiwan 105	Tel: 886-2-2772-6420 Fax:886-2-2740-1448	www.stpa.org

更深入瞭解真理

如欲深入瞭解基督教的道理，請報讀網上研究聖經課程：
望福村 www.vohc.com/tc/free_lesson.php，課程包括《尋寶》、《要道入門》
和《豐盛生命》

網上電視

有意收看對家庭、健康、人際關係和心靈有助益的電視節目，請瀏覽希望電視台：
www.ChineseHope.tv

推薦其它中英文網址

· 奇妙真相 www.qimiaozhenxiang.com
· 天路在線 www.sdacn.org
· 福音中國 www.fuyinchina.com
· The Voice of Prophecy www.vop.com

請聯絡以下教會：

國家圖書館出版品預行編目資料

善惡的對決 / 懷愛倫(Ellen G. White)作. -- 初版. --
臺北市：時兆, 2012.05
　　面；　公分. --(勵志叢書：22)
譯自：The Great Controversy (Abridged Version)

ISBN 978-986-6314-26-1(平裝)

1. 基督徒

246.69　　　　　　　　　　　　97023695

勵志叢書22

善惡的對決　THE GREAT CONTROVERSY

作　　　　者	懷愛倫（Ellen G. White）
特 約 編 輯	李秀華
董 事 長	伍國豪
發 行 人	周英弼
出 版 者	時兆出版社
客 服 專 線	0800-777-798
電　　　話	886-2-27726420
傳　　　真	886-2-27401448
地　　　址	台灣台北市105松山區八德路2段410巷5弄1號2樓
網　　　址	http://www.stpa.org/
電 子 信 箱	stpa@ms22.hinet.net
文 字 編 輯	周麗娟、徐雲惠、陳美如
文 字 校 對	江麗華、宋道明
美 術 編 輯	時兆設計中心、林俊良
法 律 顧 問	統領法律事務所
電　　　話	886-2-23212161
商 業 書 店 總 經 銷	聯合發行股份有限公司
電　　　話	886-2-29178022
住　　　址	台灣新北市中和區中山路2段315巷2號4樓
基督教書房總經銷服務專線	0800-7777-98 時兆營業部
I S B N	978-986-6314-26-1
出 版 日 期	2012年5月　初版1刷

善惡的對決

THE GREAT CONTROVERSY

《善惡的對決》是一本滿載預言的書籍
從過去已實現以及即將實現的事情，向當今的世人顯明。

從新約聖經啟示錄時代，到馬丁路德的宗教改革、宗教戰爭，及至現代的
宗教衝突，都提及人心「善」與「惡」之間的爭戰，作者著述此書，顧名
思義要將基督和撒但之間的爭戰過程，從發動、演變及最後結局給世人警
惕與勸誡。

懷愛倫
Ellen White, 1827-1915
美國宗教作家。其五十五本在上帝聖靈感動下所寫成之著作，譯成百種以上之語
文，發行達二千萬冊。她對世事及現代之預言，已戲劇式的應驗，其於醫藥營養
方面所發表之先見，亦正逐一為科學之研究與發現所證實。

她的著作：《先祖與先知》、《先知與君王》、《歷代願望》、《使徒行述》、
《善惡之爭》，將聖經從創世記至啟示錄，做了詳實且精闢的註解，讓人更容易
窺見聖經的奧祕。

時兆文化
www.stpa.org

ISBN 978-986-6314-26-1

001120

9 789866 314261

定價NT$120元　建議分類：基督徒